自分

ネガティブから抜け出し

超越

喜びに満ちた世界へジャンプする

メンタルコーチ
MACO

廣済堂出版

Prologue

はじめに

世界、いえ宇宙全体が大きな変化の時期に入りました。これまで私たちの頭の中で一度も想像し得なかったような出来事が起き、強制的に意識改革をせざるを得ない状況が続いています。

西洋占星術の世界では、２０２０年12月の終わりに「地」の時代から「風」の時代に移ったと言われていますが、これは２４０年ぶりの切り替わりだそうです。

この新しい時代は意識の制限を超えた先にあり、これまで普通だと思ってきたあらゆる意識の制限を大きく超越していく時代です。私たちが当たり前だと思って慣れ親しんできた自分の概念や固定観念が、真逆と言えるほどに変化する、まさに「自分超越」の時代です。

これからは、たとえば私たちが長く使ってきた心配・恐れ・不可能・貧困（お金が回らない）・不安といったものは古い時代の概念になり、これらの概念を持っている人はだんだん減っていくでしょう。

何かのしがらみや、言われのない抑圧から解き放たれ、自分の意志で人生を創造する人が多くなっていくと私は感じています。

これは、「そうする」と決めた人から古い概念を卒業するので、決めたくない人は、まだ卒業しません。目の前の悩みを解決することだけが、人生の主たる目的のまま、これからも日々を過ごしていきます。

古い概念から卒業しても卒業しなくても、どちらでもいいのです。いい・悪いはありません。

私たちは、もともと簡単に死んだりしない強い体をいただいて生まれています。年をとったら病気になるとか、２人に１人が癌になるといった概念も、いろいろな情報や人の価値観などから刷り込まれたもので、多くの人はそれを信じ込んで生きてきました。ですから、１００歳まで生きる人はほんのひと握り、というのが現実です。

自分が何を選ぶかは自由です。宇宙が私たちに与えてくれた唯一の、そして誰にも侵されない権利というのが「自由意志」だからです。

自由意志とは、「自分の人生は自分で決める」ということ。主体的に選択をする、ということ。

自分が何を選ぶかは、他者であっても、大いなる宇宙でさえも、直接介入ができません。そういう意味では、私たちはいつも「自己責任」で生きていて、いつでも自分の意志で存在する世界を変えることができるのです。

このようなことに、どんどん気づいていく時代に入りました。しばらく続く混沌《こんとん》とした世の中は私たちの想像を超えるもので、その中から自分にとっての「真実の道」を見つけていくのですから、1分でももたもたしていてはもったいない。

それくらい宇宙全体の次元変化のスピードが速くなっています。

私たちの毎瞬間の選択は真剣勝負です。とにかく、いつも自分の本心から素直に選択をしていくことが大事。なぜなら、その素のエネルギーしか宇宙のエネルギーと同調しないからです。

またこれまで、「自分が輝けない圧力」のようなものを感じていた人がいるなら、そのような外圧からも解放されます。

それも「自分がそう決めれば」ということです。でも、決めようかどうしようか迷っているうちにも、世界はどんどん変わっていきますよ。

あなたはこれからどんな世界に自分を存在させますか？

それを自分で選べる、というのが私たちに与えられているいちばんのギフト、自由意志です。

本書では、新しい時代のエネルギーの流れに触れつつ、今までがんじがらめにされてきた古い価値観を破壊し、まったく新しい価値観を創造していく方法をお伝えしていこうと思います。

読んで行動することで、自分の可能性を否定するあらゆる制限を取り払い、喜びに満ちた世界を創造していきましょう。

そのためには、古い価値観を楽しんで脱ぎ捨てること。そして腹の底から自分がどうありたいかを決めて、そうなるとしっかり自分に許すこと。

毎日新しい自分を自覚して、新しい時代を軽やかに、まっさらな〝ノーデータ〟で生きるために、私にお手伝いをさせていただけたらと思います。

ネガティブから抜け出し
喜びに満ちた世界へジャンプする
自分超越

Contents

Chapter 1
新しい価値観の時代がやってきた！

Chapter 2 古い常識と概念を破壊する

Chapter 3

喜びに満ちた世界を創造する

Chapter

4

波動を高める「カラダ力」

Chapter 5 自分超越の世界を生きる

Chapter

1

新しい価値観の時代がやってきた！

宇宙のエネルギーと同調できるのは「本心」のみ

前例のないウイルス騒動をきっかけに、今まで体験したことがない〝想定外〟な生活を要求される状況になりました。緊急事態宣言やマスク着用など、制限がかかり、やりたいこともできず、会いたい人にも会えない時がありました。でもかたや、本当は積極的につき合いたくなかった人や、断れずに繋がっていただけの人に会わずによくなったというメリットも、同時発生したと言えます。

このようなことを経て、自分への問いかけの質が深くなっている人も多いのではないでしょうか？

みんなに同じ制限がかかることで、自分にとって本当にほしいものがどんどん見えてきて、それだけが残るようになるでしょう。

どんな出来事も、そこから得られるメリットや気づきが必ずあります。自分にとって本当の、そして本心からの選択をするために、いったんフラット化する働きがこのウイルス騒動には少なからずあると言えます。

「本心からの選択をする」というプラグに繋ぐためには、本心以外と繋がっているプラグをいったん引っこ抜かないといけません。そのための深い問いを、否応《いやおう》なしにさせられているとも言えるのです。

何を選択してもその答えに、いい・悪いはありません。「私はどれを選んだほうが楽しくて、喜ばしくて、豊かなのだろう？」に忠実に従う、これのみです。

私たちはこれまで自分の本心を我慢することや、本音を偽って他人に意見を合わせることが美徳だとか社会でうまくいく方法なのだ、と思い込んできたのです。

しかしこれからは、本心のまま素直に選択することが、私たち人間の宇宙的規模の共通課題となっていきます。

これは、練習が必要な人もまだ多いでしょう。

私たちの本心や本音、「こうしたい！」「こうなりたい！」という魂からくる素直な

思いのエネルギーは、宇宙のエネルギーとぴったり同調します。

素直に自分の本心を生きることは、自分を究極に愛する方法のひとつなので、そのように生きられると、宇宙の大元である愛のエネルギーと自ずと調和していきます。阿吽《あうん》の呼吸のように、「私はこうなりたいな！」という意図に、宇宙からのサポートが当たり前に入るようになるのです。

CHALLENGE

楽しくて豊かな気持ちになることは何？

「想像」を超えた「創造」をする

私は現在50歳を超えましたが、これまでの人生で社会の教科書に載りそうな出来事のうち実際に体験したのは、阪神・淡路大震災だけでした。しかし、まったく想像もできなかった新型コロナウイルスによる大混乱がやってきました。

仕事がテレワークになったり、外出自粛やマスク着用が求められたり、家族以外の人と会わない生活が続いたり……。こうしたことは、これまで想像もできなかった体験です。

人間は自分の持てる記憶や脳内データを駆使して、ふだんから未来を想像しています。想像したイメージにワクワクし、その波動（バイブレーション）が元になって、現実になるのが創造のプロセスです。

しかし、コロナ禍は自分の脳内データにないことを体験したため、想像の範囲を超越してしまいました。

ということは、想像を超えた創造もできるということ。

頭でつくることができるストーリーは、まだ想像の範囲内ですから、制限がついているレベルと言えます。でも、これからはまったく想像したこともないようなことや、できるわけない！　というような出来事も創造できるようになっていきそうです。

今回は表面上、心地よくない想定外の出来事が起きたわけですが、このことをきっかけに、これからは〝圧倒的に心地よい想定外〟をつくり出していく人が増えていくでしょう。

小さい頃から当たり前だと思っていた概念や、世間一般に浸透している固定観念、社会通念なども壊れていきそうですね。

これも、「自分の世界はそうなる」と決めた人が実際にそうなるので、まずは自分が、「想像し得なかった喜びに満ちた世界を創造する」としっかり決めることです。

後述しますが、物理次元で創造を楽しんでいく時、頭だけで創造（想像）するわけではありません。体験という「体の大切な仕事」を通じて、私たちは創造を完結させます。

ですから、これからは「心」と同じように「体」の波動も大切にしていかなければなりません。自分の体に対して、「太っているお腹が嫌い」とか「もっと鼻が高かったらな」などとケチをつけている場合ではないのです。

いつも休みなく動いてくれている感謝と、意識のパートナーとして存在してくれているありがたさを、体にしっかり伝えておきましょう。

CHALLENGE

1日に数回、「私は想像を超えた喜びに満ちた世界を創造する」と唱えよう。

病気、貧乏、老化は、ただの概念

病気や貧乏という概念も、これからは不要です。

体やお金に関する悩みは、私たちにとって尽きないものでした。年をとると病気になって死ぬとか、お金がないと貧しくて不幸になるとか……。このような概念を握っている限り、健康への不安、お金の不安からは逃れられません。

しかし、もうこういう古い時代の概念は意識から消してもいいと、私は思っています。

多くの女性は老けることを怖がったり、嫌がったりします。老化はよくないこと、克服すべきことと捉えている人もいるようです。

老化によって体が弱ると思っていると、細胞レベルでスピードを上げて、そこへまっしぐらになっていきます。

自分の体に何か不調が出たら、きちんと対処して、やれることをするのは当たり前です。それなのに、病気になる前から「いつか病気になるんだ」と思って生きる必要があるでしょうか？　「年をとると弱る」という概念を持ちながら年齢を重ねていく必要があるでしょうか？

自分の意識の中で思うから、そうなるだけです。

よく病気になると健康のありがたみがわかる、と言います。これも一理ありますが、概念を外した人は、病気にならずとも健康のありがたみが最初からわかり、日々感謝して体と関わっていけるでしょう。だから、病気になりません。

同じように、破産や倒産を経験しなくてもお金の大切さやありがたみがわかっているので、貧乏にもならないのです。

わざわざつらい体験をしてそこから学ぶという考え方自体が、古い概念なのです。

死ぬまで健康、老化でなくて進化、必要なお金はいつでも循環する、という概念で生きたらいいのです。

病気になる人がいなくなったら病院がやっていけないのでは、と思いますか？　仕事の内容が変わっていけばいいのです。病を治すことがメインではなく、ずっと健康でいられることをサポートしたり、病気を予防するための場所になればいいわけですね。

　私の仕事もそうですが、みんな幸せになって悩みがなくなったら仕事にならないと思いますか？　そんなことはありません。

　どんな仕事に就く人も、「困った人を助ける」という次元から「一緒に豊かさを創造する」という次元に変化していくので、わざわざダメな状況をつくってそれをなんとか回復するというゲームは、もう必要なくなっていきます。

CHALLENGE

病気、貧乏、老化はどんなイメージ？

悩みや不安は古い概念

私たちが今取り組まなければならないことは、古い時代からずっと慣れ親しんできた概念・観念から距離を置くことです。

それは、悩むとか迷うというような概念の周波数を手放すことなのです。

悩みごとや心配することが大好きだった人は、「ネガティブな概念を、消さないで！」と心が抵抗して、「エゴ（自我）の叫び」という形で内側から出てきます。

「楽しいことをやるぞ！」と思ったとたん、「人生、楽しんでちゃいけない」とか「私なんかにそれができるわけがない」など、エゴの声が間髪をいれずに出てきます。

そしてその声はだんだん大きくなって、「楽しいほうへは行かせない」とばかりに駄々をこねて、自分の中心を乗っ取ろうとするのです。

でもエゴが活躍する時代は終わりです。エゴの声にはおとなしくなってもらいましょう。これまで見たこともない、輝かしい新しい世界を歩こうとしている本当の自分（本質・魂）を応援してもらう側に回ってもらわないとなりません。そのためにも自分自身が「これまでの概念・観念で生きることをやめる！」とスパッと決意しましょう。

本当の自分とは、エゴのほうではありません。

「まだ見たことのない、輝かしくて楽しい世界を歩くぞ！」と決めた、ワクワクしているエネルギーの声の主、それが本当の自分です。

もう、悩むとか迷うとか心配するというような概念を持っている時代ではありません。もたもたしたくても、もたもたさせてもらえない。もたもたできなくなるのです。

CHALLENGE

あなたにとってワクワクすることは何？

愛は出せば出すほど、循環する

宇宙的視座から見た私たち一人ひとりの役目や役割は、本当の素直な自分を生きることです。これまでたくさんつらい思いを抱えながら人に合わせてきたり、嫌われることを恐れて一定の集団から外れないようにと本心を偽ってきた歴史が、多かれ少なかれ、誰の中にもあると思います。

しかし、これからは本心を偽り続けるほど、エネルギーの循環がうまくいかなくなります。

ですから、「本当の自分で生きたい」と気づき始める人が増えていきます。これがいわゆるアセンションであり覚醒です。

覚醒とは、何か特殊な能力を授かるとか、見えないものが見えるようになるとかいうことではないのです。

ありのまま、素直な自分のまま、どんどん愛を発信していくほうが人生すべてうまくいき、大いなる宇宙の波動とピタッと一致して、制限を超えた体験をしていくようになります。

これまでは、誰かから何かをしてもらうことや、何かを受け取ることを狙いとした運気アップ法、人生改革の方法がメディアなどでは主流でした。

それらもこれまで通りとても素晴らしいのですが、それ以上に自分が自分の周囲の人や物ごと（人間同士のことだけではなく、ペットや家にある観葉植物や花、ふだん使っている文房具などの物など）に対して、愛をベースとしたエネルギーを出していくことがものすごく大切です。それを意識している人は、人生が豊かな体験ばかりになることもわかってきます。

自分が全体に対して何かをすることや、何かができるんだということ、そして、惜しまず愛のエネルギーを出すということに、もっともっと喜びを感じられる時代になります。

愛は出しても減りません。むしろ出せば出すほど計り知れない大きさで循環するようになるので、「もらうよりも、出すほうが圧倒的に楽しい！」という概念が主流となっていくでしょう。

相手も自分も心から幸せになるには、取った・取られたではなく、自分がどれだけ楽しんでエネルギーを出していくかが大事。

自分がエネルギーを出すことを楽しんでいると、受け取る側もどんどん豊かになります。「奪う」「搾取」という言葉もあまり聞かれなくなっていくでしょう。

自分も相手も豊かに。そういう意識が全体の繁栄に繋がります。それを体現する時代がやってきたと言えるのです。

CHALLENGE

「楽しい」「嬉しい」「ありがたい」という気持ちを忘れずに、1日を過ごそう。

制限を外すコツは、体を使うこと

情報や知識を仕入れると、「知った」と思います。しかし、体を使ってそれを実際にやってみると、「あれ？　これってどういうことなの？」とか「なんかこれじゃないみたい」とか「思っていたのと違った」などのフィードバックが必ずあります。

これは、「引き寄せ」で言うプロセスですが、この物理世界の3次元にいる限り、体を使って実践するという作業を抜きに、「知る」ことは考えられません（体がなくなって、意識だけの存在になれば省けますが）。

ですから、失敗しないでやりたい、うまくいくことだけ試したい、美味しい話だけ乗りたい、という意識だと、本当の意味での「知る」ことはできません。

制限を外して天井なしの創造をしていくぞ、豊かな体験をしていくぞ、としっかり決めると、今まで以上に実践する機会が必ず増えていきます。

やりたくないことをなんでもかんでもやる必要はありません。でも本当にやりたいことや、今はちょっと苦手でも気になることなら、どんどんやっていきましょう。

最近はネットを通じて婚活する人も多いようですが、一度も会わずに結婚を決めるという人は稀《まれ》で、一度は会ってみますよね。また結婚に限らず、ネットで意気投合して、その後に実際に会うというケースもありますよね。

つまりネット空間ではなく、3次元で体を使うことになります。

会う約束をする、予定をすり合わせる、会う場所を決める、着る服を考える……「人と会う」というだけの行動も、体を使うとなるとたくさんの作業を体験しないとなりません。

それを面倒に感じる人もいると思いますが、ここを省いてばかりでは自分にとっての正解を正確に導き出すことはできません。

「体で使うことで初めて知るに至る」。そうしてエネルギーがどんどん回ることを実感していく時代になります。

体を使う大切さについてはチャプター4で話しますが、行動すればするほど、やれることに制限をつけていたのは自分だったと気づくでしょう。年齢や環境のせいにしたり、周囲が反対するからなど〝外側〟のせいにしていた自分に気づくと思います。
それも含めて、「そう！　全部自分が創造していたんだ」と気づいた時、願ったことはサクサクと動いていきます。

CHALLENGE

やりたいこと、気になることをやってみよう。

これからは宇宙と二人三脚がスタンダードに

２０２１年からしばらくは、外の世界だけではなく、私たちの内側も激動を体験しそうです。私たちの内側で起きる激動とは、個人の進化・発展のために具体的な動きが始まること。これはよい方向へと動くサインです。

ですから、これからはぼーっと生きるのではなく、意識的にどういう世界に自分を置くかというビジョンをしっかりつくっておくことが必須です。

何度も言いますが、意識が自分の生きる世界を決めます。

そして、その流れや采配は宇宙がサポートしてくれます。この連携態勢を私は「宇宙と二人三脚」と呼んでいます（拙著『マイナス人生が１８０度変わる！　宇宙メンタル』〈永岡書店〉に詳しく書いています）。

二人三脚と言っても、自分より先回りして「右だよ」「左だよ」と誰かが教えてくれるわけではありません。

たとえば、「自分の魂が震えるほどやりたい仕事で、人を幸せにするぞ」と決めると、「でもうまくやれるだろうか」と心配や不安が最初に出てきます。

そんな時に、「あなたのやっていることをお手伝いさせてほしい」という人が急に現れたり、やめようかなと思っているのに、「やっぱりやりたい！」という気持ちがどんどん溢れてくる、などの感覚で宇宙からのサポートが入るようになるのです。

「サポートをもらわない、もらえない」などという意識は、今すぐ頭から追い出しておいてくださいね。

本心で願ったことには愛のエネルギーが働くので、宇宙からのサポートがバンバン入るようになっています。ですから、一人で頑張り過ぎなくてもいいのです。

自分の魂の本質を生きると、宇宙のエネルギーと即同調していきますので、「やりたいことは問題なくスムーズに進む」と信頼してください。

常に自覚した意識で過ごしましょう。日々、「自分の意識がどこにあるのか？」に気づいて過ごせれば、それはもう素晴らしい覚醒なのです。

CHALLENGE

あなたが本心で願っていることは何？

思ったこと、言葉にしたことは、即現実化する

２０２０年末頃から私が体感で得ているもののひとつに、真剣に思ったことはすぐにそうなる、言葉にしたとたんに物ごとが動いていく感じがする、ということがあります。

私たちはふだん自分が発している言葉には無頓着です。そのため、「いつもお金がないのよ～」とか「それはできない」とか「難しいから無理でしょう」などと、簡単に不可能だと決めつけて言葉にしがちです。

これまでの時代なら「それもまぁ、そのうち訂正すればいいか」とのんびり構えられたものが、これからの時代は、思ったとたんに宇宙がその現実を持ってきた！　と感じるくらいスピードが速い！　ですから「こりゃ、滅多なことは思えないなあ……」と苦笑いしてしまうことも。

それくらい信念として思ったことは、すぐ形になるのです。

ところが、私たちがふだん強い信念として扱っている意識はどうしてもネガティブなほうに傾いています。できない、やれない、無理、難しい……など不可能なほうに信念を強く持っていることが多いので、それをそのまま言葉にし続けたり、日々思い続けていると、いつまでもそれが叶い続けるという悪循環を気づかぬうちに起こしてしまいます。もちろん、自分でそれを起こしているという意識もありません。

今、宇宙全体のエネルギーがどんどん変化、上昇していて、3次元の物理世界である地球自体も、意識の世界と言われる5次元的エネルギーの世界に近づいています。

5次元とは意識の世界ですから、願ったらすぐ形になっていきます。

たとえば、「コーヒーを飲みたいな」と思うと、目の前にコーヒーが出てくるような世界です。3次元ではここに行動が必要ですが、行動してからの現実化が速くなるということです。

宇宙全体のエネルギーの変化に合わせて、意識していることが現実化するスピードが速くなっているのです。

このスピード感は、宇宙の恩恵としてやってきています。「今、これを思ったからこうなった！」とわかることがものすごく増えてきているので、「わかったか？」と宇宙にたしかめられたような気さえします。これは本当に深い宇宙の愛です。わかるように教えてくれるのですから。

CHALLENGE

あなたはふだん、どんな言葉を口にし、
どんなことを思っている？

これから出会う人は、ピタッとはまる人

思ったとたんにそうなる時代ですから、「古い自分を捨てるぞ」「ネガティブから卒業するぞ」と決めたら、人間関係においても、古くなった関係性や不要な関係はどんどん破壊されていきます。

ですから、この本を読んでくださっているみなさんは、「本当に変化していくぞ」という覚悟ができた時に、決めてくださいね。ここが今までの実践と違うところです。

自分の中で、本当にゴーサインが出たら進みましょう。サインを出したあとのスピードは速いので、決断は焦らず時期がくるのを待ってもいいでしょう。

その後は、仕事であっても、人間関係であっても、恋愛関係であっても、本当に自分に合うものだけがやってきます。ですから出会いのゾーンは狭まります。

いろんな候補が広くやってくるのではなく、ピタッとはまるものが自分の世界に効

率よく入ってきます。これからは〝ファジー〟ではないのです。

もしご自身で「私のエネルギーと合う人と出会う」と設定していれば、そんな簡単な設定だけで現実になります。そして、自分に合う人だけが深いご縁となって残ります。でももし「苦手な人もカモン！」と思っていると、苦手な人もどんどんよってきますのでご注意を！

いずれ「苦手」という概念もなくなっていき、古い時代の産物と化しますが、今はまだ進化への移行期なので、自分の感情は否定せずありのまま認めて、自分の内から出るものをスッキリ出して先に進みましょう。

CHALLENGE

どんな人と出会いたいか、具体的に設定しよう。

意識や行動を変えざるを得ない時代に

思ったことがすぐ形になりやすくなるということは、もう滅多なことは思考できないと気づくでしょう。いいことだけではなくて、起きてほしくないこともどんどん形になってしまいますから。

「わ、まずい！　これが起きたら困る」と思ったことを、わざわざ何度も考えますか？「いやいや、もうそれをやってる場合じゃないね！」ってなりませんか？

この変化はかなり強制的な部分もありますが、そうやって私たちは急速にネガティブやエゴを手放す体験をしながら、一気に進化・発展していくのです。そして自分たちの内側、霊性が高まっていくのです。

これまでのように、「どうしたらいいだろうか？」「やめようか？　それとも、行こうか？」といちいち長い時間考え込まなくても、このまま先に進んだら穴に落ちることがわかるようになります。ですから、わざわざ落ちに行く人もだんだんいなくなる、ということなのです。

必要なことに気づいて、本当の自分に戻り、愛をベースに生きながら、自然に意識も思考も行動も変えていく人が増えるでしょう。

その気づきは、自分以外の人の行動から（他人を観察して何かを受け取って）起きたり、なぜか必要な時にシフトを促す情報にバンと出くわしてもたらされたりするのです。

CHALLENGE

日々気づいたことをありのまま手帳やノートに書き記そう。

本心を偽らない人間関係が本物

相手の機嫌を損ねてはいけないとか、無理にでも話を合わせることが思いやり、というふうに私たちは長く思い込んできました。

たとえば、知人が教えてくれたレストランが好みでなかったとしても「そこいいね、一度行きたいな」なんて言ってしまい、「じゃあいつ行く？」と言われて逃げられなくなってしまったり。

それが優しさであり、コミュニケーションだと思ってきました。

国が変われば国民性が違うので、海外では「私、それは好みじゃないのよ」とはっきり言われることもあります。

私は中学時代に父親の転勤で、3年ほど海外生活をしたことがあります。そこで、現地の人やいろいろな国の人と関わり、「私はこれは好きじゃない」とはっきり言う文化にとても驚いたのですが、無駄なコミュニケーションがなくなるって、とても素晴らしいと感じたものです。

さて、日本も世界も新時代に突入です。とりあえずは、言えなかったこと、自分を偽ってでも相手に合わせていた癖を、手放していきませんか？

思いやりは「伝え方」に持つものです。自分の本心を偽ることが思いやりではありません。

せっかく言ってくれたけれど気乗りがしない、その集まりに行きたくない、ということに対して、どういう思いやりを持って伝えるか？　ここが本当のコミュニケーションです。ここはブレないようにしましょう。

CHALLENGE

自分の思いをまっすぐ伝えることを意識しよう。

人と人との繋がり方、在り方が変わる

これからは人との繋がりや関係性が大きく変化します。そのため、ちょっとでも感じた違和感はとても重要で、決して見過ごしてはいけないサインです。

私はこれまでの数年間に、「ん？　なんかへんだな」と違和感を持ったにもかかわらず、やり過ごしてしまった人間関係がいくつかありました。そして、時が過ぎるとその違和感を忘れて過ごしていました。

けれども、自分の中で、「これは本当のご縁じゃないよ」ということや、「自分には合わないよ」というご縁は、その課題をクリアするまでに、必ず「ん？」という違和感でやってきました。

けれどもその時も気づかなかったり、やり過ごすと、どんどん現象がきつく大きくなって現れます。「早く、気づきなさい！」と言われているかのように。

相手がどうと言うより、自分自身にとって合わないと感じる相手もいます。無理してしまう相手とか、まったくタイミングや波動が合わない相手などです。

前にも話したように、これからの時代はゾーンが狭くなります。ピタッと合う人とのみエネルギーが強く濃く繋がるため、ファジーなラインにあった関係や、合わないけれど適当に放置していたご縁は、バシバシ壊れるようになります。

とは言え、今違和感を持つ関係があるなら、「なぜ違和感があるの？」と自分に必ず聞いてみてください。

そして、「合わないようです」と心で認めましょう。これまでのご縁に感謝して、意識の上でその人と距離を置くだけで、自然と離れられるでしょう。

CHALLENGE

違和感を感じる人がいたら、意識の上でその人と距離を置こう。

何を「すごい」と思っているか？

これからはすべての人が輝く時代です。優劣とか上下とか、誰かを熱烈に崇拝するということではなく、**「自分はどうしたいか」「自分は何を選ぶか」といった自己責任で、それぞれが選択して世界を創っていく時代に入ります。**

たとえば、「ＭＡＣＯさんが言ってるから」ということではないのです。肩書きとか知名度とか、そういったものが悪いのではありません。それを自分自身がどんな意識で扱っているか、が大事なのです。

選択基準は、「すごい人が言っているから」ではありません。

たとえばＳＮＳなどでも「私、すごい人と繋がっているのよ」ということでは、人は集まらなくなります。「その人自身がどうか」ということになってくるのです。

私自身、「本をたくさん出していて、すごい！」と言われた経験がありますが、そこをすごいと思っていてはいけない。

それよりも、その本に書いてあることが自分にとってどうか、その人が言っていることの何を自分の参考として取り入れるか、と自分に問いかけて選んでいくことが大切なのです。

たとえば私の講座であっても「ＭＡＣＯさんのこの話は、私には必要ない」という選択があって当たり前。盲信するのではなく、日々の生活の中で、学んだことをどのように応用していくのか、それを自分で決めること、主体性を持つことが大事なのです。

「私ってこんなにすごいんだぞ」と見せつけたいだけの人は、遅かれ早かれこれからは淘汰《とうた》されていくでしょう。

人の価値観が変容し、それぞれの自分らしさで生きていく時代ですから、「すごい」の判断も違ってきて当たり前です。

そういう意味では、もうすでに全員がすごい人なのです。そして、一人ひとりの仕事（天職）の素晴らしさに惹かれ、人が集まってくるようになります。

誰かを「すごい」と思った時は、次のように自分に問いかけてみてください。

あの人セレブですごいな→それの何がすごい？　それって自分にとって大事？

大きな会社の社長ですごいな→なんでそう思うの？　自分の基準はそこ？

高学歴ですごいな→なんでそう信じているの？　本当にそう思う？

地位や名声、知名度、お金持ちかどうかなど、権威的なことは判断基準にならなくなっていくでしょう。みんなで輝くために日々主体的に選んで、決めて、生きてみましょう！

CHALLENGE

あなたがすごいな！　と思うのはどんな人？
自分がすごいと思う基準を知ろう。

誰もが納得できる創造の仕組み

「主体性」という言葉は、「自分で世界を創っているんだ」と意識を高める意味でも重要なワードです。

先ほども話したように、今は地球を含め、宇宙全体のエネルギーが上がっているため、意識の波動（バイブレーション）を放ったら、すぐ現実化することが増えていきます。自分の思ったように世界は創られているということがはっきりわかるようになるので、創造の仕組み自体を納得できるようになるでしょう。

最近、ブログの読者さまからこんなお便りをいただきました。

「毎朝『コーヒー美味しいわ』と思いながら飲んでいたのに、コロナ騒動で気持ちがわさわさしていたら、味覚が消えてしまいました」

体ってすごいですよね！　いちばん意識したところにエネルギーが流れていくので、

「わさわさ」「ざわざわ」という波動を感じていたら、ほかの知覚が弱くなるのです（消えることもあるくらい）。

しかし、自分の気持ちに気づいてもう一度味わうことを意識し出すと、それは自分が創造しているとわかるので、今までよりその喜びや嬉しさは倍増していくのです。

「私の意識がいつも何かを選択しながら、自分の世界を創造しているのだ」と腑に落としていきましょう。私という小さい宇宙が、大いなる宇宙の中に入っているとイメージしてみるといいですよ。

そうして、自分が現実を創っていると思うたび、私たちは創造主としての自覚を持って、主体的に生きられるようになります。

CHALLENGE

外食でメニューを選ぶ時、「私が食べたいから選んだ」と、自分が現実を創っていることを意識してみよう。

エビデンスは自分！

何かを証明するために、よく「こういうエビデンスがあります」と説明したりします。私自身も脳科学や量子力学、またいろんな心理学を学んできたので、エビデンスは大切だと思ってきました。でも、昨年あたりにふと、「なーんだ、もう自分がエビデンスでいいよね」という思考に着地したんです。

自分で意識して、思考して、体を使って行動して創造しているわけだから、自分の体験はすでにエビデンスそのものだと。

少し前に、私の講座の修了生のSさんから「空間から億のお金が出ました！」という報告メールをいただきました。詳細は個人的な内容なので省きますが、本当に真面目に1億円が出たという、相当ワクワクする話でした。

億単位のお金が入るなんて、限られた人だけだと思っているかもしれませんが、自分の意識に取り入れた人なら誰でも「あり」になっていくでしょう。

この件に限らず、彼女がこの数年間に引き寄せたものはとてもすごいのです。理想の家を最初に引き寄せたことから始まり、ものすごくお金に困った時に、以前の査定ではほとんど値がつかず家に眠っていた高級時計を数十万円で買い取ってもらえたこともありました。

気持ちがネガティブに落ちても、意識を高めて行動すると、ちゃんと思い通りの現実を創造できるんだ、ということを彼女から感じています。

そもそもお金の価値に高い・低いはないので、お金の桁はいちばんの重要事項ではありません。億だからすごくて10万だからすごくない、ではないのです。

ただ、その時に必要な金額や、「これを体験したい！」と決めたものをそのままズバリ引き寄せていることが素晴らしいし、創造主として本当に楽しい人生だろうなと思います。

これは、彼女が特別な人だからではありません。主体的に生きれば、誰でも思い通りの現実を創造できるということ、それを彼女がエビデンスとして見せてくれているのです。

CHALLENGE

本心が現実になっていることに気づこう。

情報はストックしない

いろいろなものを所有していると安心感を得る人も多いと思います。たとえば、貯金が増えると安心、パートナーとの関係が交際から結婚という形になれば安心など、何かを「握る」ことで安心を感じるという傾向が、多くの人にあるでしょう。貯金が減ると不安になるのは、まさに安心を握っているからです。

情報もしかりです。過去において私もそうでしたが、「人生をよくするヒント」などをネットで読んだり、「これは良書だよ」と本のタイトルを教えてもらったりすると、それを「忘れてはいけない」と思い、スマートフォンやパソコンの「お気に入り」にとりあえずどんどん入れていました。

それらの情報はとても有益だったり、自分に合うメソッドだったり、心を打つ言葉だったりするのですが、これからはいったん受け取ったら、あとは忘れて大丈夫です。

すぐ使わない情報を見えるところに、次々溜め込まないことです。

「これは覚えておいたほうがいいことだから、とりあえず取っておこう」という意識が働くと、体のエネルギーが重たくなります。パソコンで言えば、デスクトップにたくさんファイルやフォルダがあると動きが遅くなりますよね？　体のエネルギーが重くなるのはそれと同じです。今すぐ使わない情報を溜め込むと、体の動きが悪くなるのです。

体をイキイキと使い、活躍させ、やりたいことや楽しいと感じることにエネルギーがうまく回るようになると、感覚が研ぎ澄まされてくるので、今意識にないことでも必要なタイミングで情報を思い出せるようになります。

パソコンと同じ要領で、必要な時にクラウドから引っ張り出せるのです。

「あ、そう言えば、こういう話を聞いていたな。今これ使えるな」というふうに。

情報は握りしめない。受け取ったら即忘れてもＯＫ。そう思っていてください。

私たちがやることとは、情報を抱え込むことではなく、得た情報や知識を使って行動し、人生をよくすることです。覚えておくだけの情報は、かえって邪魔になることが多いのです。

いつもその瞬間に必要なものだけが目の前にあります。ですから身軽なエネルギーでいられるように、情報は握りしめないようにしてみてください。

どうしても必要な情報は、何回でも必要に応じて出てくるようになりますから大丈夫です。

CHALLENGE

ストックしている資料や本などを断捨離してみよう。

まるっと入れ替わるために、まるっと壊れよう！

後述しますが、新時代のキーワードのひとつは「サッサと」です。

これまで思っていても現実が変わるのが遅かったのは、自分の過去に引きずられたり、他者の言うことに引っ張られたりしていたためです。あれやこれやと悩んで自分がどうしたいかという本心がさっぱり見えなくなっていたからです。

悩めば悩むだけ停滞する時間は増え、進みは遅くなります。外側の声や自分の過去を気にするほど、進化が遅れるという構造です。

しかし、一度自分が「もう変わるぞ！」としっかり決意したら、流れが変わっていきます。

「喜びに満ちた世界にシフトします」というあなたの強い宣言（オーダー）を受けて、宇宙の采配（サポート）が入ってくるようになります。

強制終了のように、急に目の前のことが壊れることもあります。

もし自分が本心に従って、迷いなく決めたことで何かが破壊されたとしたら、慌てずに「これは進化のサインだな」と冷静に見てほしいのです。

まどろっこしい過程や不要な時間を使わないように、まるっと今を壊して、まるっと新しいものに入れ替えましょう。

そのためにも冷静に俯瞰して、客観的な立ち位置にいることがとても大事になってくるのです。

CHALLENGE

これまでの自分を手放して、
「喜ばしい世界にシフトする」と決めよう。

Chapter

2

古い常識と概念を破壊する

破壊のたびに進化する

私たちは、新しく進化する時代に生きていくことを選択して、この３次元に生まれました。「魂はそれを知っていたのではないか？」と感じている人もいるかもしれません。

社会の動きが混沌としていて、どの情報を信用したらいいのか、何が真実で何が真実でないのかさえわかりづらくなってきている中、私たちが、最初にやるべきことは、これまで当たり前だと信じて疑わなかった概念を覆す「概念外し」です。

これは、扱う内容や対象によっては、これまでと１８０度逆の見方・捉え方に変える必要があります。

「破壊」という言葉を聞いて、あなたは何をイメージしますか？　多くの方は「よくないことが起きた」と思うと思います。

私も「エネルギーの法則」（引き寄せの法則とも言います）を知るまでは、長年そうでした。しかし、エネルギーの法則や量子力学を知ってからは、この認識が真逆に変わったのです。

私は自分の進化や発展、より豊かな人生体験を意図すると、破壊が起きることに気づきました。そしてその後、「創造」もセットで起こるのです。創造とは願ったことが叶う、ということでもあります。

家を新築する時、古い家の上に新しい家をドカンと載せることはできませんね。必ずいったん全部壊して更地にします。そして一から新しい家を建てていきます。

このように更地にする作業は、エネルギーの法則で言うと「ゼロに戻る」（ゼロポイントに戻る）ことと同じです。

私たちは新しく豊かな創造を体験しようと思う時、破壊を通じて再生を行っているのです。

たとえば、自分を偽って恋愛をしている方なら、「本当の自分らしい恋愛をするぞ！」と決めたとたん、相手にフラれたというようなケースがよくあります。

これは見た目にはすごい破壊です。「おつき合いしている人にフラれるなんて、よくないことが起きたんだ！」と感情も揺れるかもしれません。けれど、ひょっとしたら「あなたが本当の自分でいられる相手はほかにいるよ」と、次の創造のために破壊が起きたのかもしれません。

私もそうでしたが、「自分らしく生きるぞ」「私はこれでいいんだぞ」「いろいろうまくいかなかった体験も、素晴らしい人生だぞ」と目一杯自分の過去も自分自身も受け入れた時、破壊が起きるのです。

そしてそれから少し経った頃に、新しいパートナーと出会いました。

その人は、本当に自分が自分らしくいられて、何も無理しなくていい相手でした。

「そうか、このために起きた破壊だったんだ！」ということが、あとでわかりました。

そして、破壊と再生はワンセットだということもわかりました。

仕事でも同じようなことが何度も起きています。「破壊→創造（再生）」を繰り返し、今の自由な生活があるのです。

破壊するのは見えている現実だけではありません。

自分の心の奥に隠れている自己否定や、「こうでないといけない」「できない」「難しい」「無理」といった固定観念や古い概念も破壊していくのです。

意識の変容が破壊です。

その破壊は、自分自身をまるっと受け入れるタイミングでもあります。「破壊＝受け入れ」でもあるのです。

そう考えると破壊って悪いことじゃないですよね。私はむしろ破壊が起きると、「また何か新しい嬉しいことがやってくる！」とワクワクするくらいです。

そのように認識を変えたとたん、願ったことがスピードアップして、スムーズに、自分の世界に起きるようになったのです。

このように、概念が覆ると、現実も変わり始めます。今あなたが当たり前に信じていること、その概念の見直しから始めましょう。

宇宙はスキマを放っておけない

「破壊と再生はワンセット」だとお伝えしましたが、その理由は、宇宙はスキマを嫌うからです。

何かが壊れてぽかっとスキマが空いた場合、宇宙はそこを放っておきません。私たちがスキマのままで維持したいと意図しない限り、何かが入ってきます。なぜなら宇宙にあるものすべてはエネルギーでできていて、そのエネルギーは常に動いているからです。

私たちの体も一つひとつの細胞がものすごいスピードで常に破壊と再生を繰り返しながら維持されています。それと同じように、この現実も破壊と再生を常に繰り返して、その動きはいっさい止まったことがないのです。

たとえば、好きだった人とうまくいかないことがあってお別れしてしまったという時、必ず壊れた理由があります。

大きな理由のひとつは、その人とあなたの波動が合わなくなったということ。

この世界では波動、波長が合う者同士が縁をつくります。

別れるということは、波動が合わなくなってきたというサインでもあるけれど、

「もっといいご縁が用意されました」というお知らせでもあるのです。

これが、「破壊と再生はワンセット」という宇宙法則です。

大好きな人と別れた時、次の人が用意されていると言われても納得できないし、理解できないと思うでしょう。でも、その空いたスキマには必ず前より幸せを感じられる新しいご縁が入ってくるようになっています。

会社を辞めることになった、というのも大変なことです。生活に関わってくることですから、「リストラ、バンザーイ」なんて言えるわけがないでしょう。でも、無責任と言われそうですが、あえて「食べるために働かなければならない生活から抜けたんだ」と捉えてみてほしいのです。

「壊れること」＝「次にもっといいものが用意される準備ができた」のですから、結果的には、「会社をやめることになってよかった。今のほうが人間関係も楽で楽しいし、仕事もやりがいがある。収入も望むだけ入ってきて、何より食べるために働くというつらさから抜けられた」となっていきます。

壊れたということは、ほかにもっといい仕事があるからだ、と意識を変えることができたなら、必ずそうなるのです。

2020年に新型コロナウイルスによる騒動が起きて以来、いろいろな破壊を体験してきた人は多いはず。何を隠そう私もその一人です。

人間関係の破壊もありました。迷いのあった人間関係を手放せず握っていたら、ショッキングな出来事が起きて、壊さざるを得なくなったこともあります。

その瞬間はひどく落ち込むし、神様はいないのかと思うくらい沈んだのですが、少し時間が経つとこう感じたのです。

「前から違和感はあったけど、ずっとスルーしていたな」「どうなんだろう？　と思ったことはあったけど、やっぱりエネルギーが合わなくなっていたのだな」

どっちがいい・悪いではないのです。ただ合わなくなったというだけ。

宇宙の采配は完璧です。合わない者（物も含む）同士は、一定の波長の幅を越えるとまったく同調しなくなります。

波動にはある程度ゾーンがあるので、似たようなエネルギーの者同士は同調し合いますが、そのゾーンを出ると同調するのは難しくなるのです。

これは人のご縁も仕事などのご縁もすべて同じ。

「切れた」「壊れた」は、「これまでの繋がりの波動が合わなくなりましたよ」のサインであり、「もっと合うところへ行く段階にきました」という強烈なメッセージでもあるのです。

破壊が起きたら、すかさず祝う

もし身近に「破壊」を体験しているとしたら、ぜひ〝バンザイレベル〟で祝ってみましょう。

壊れたということは、「次にもっといいものがやってくるというお知らせ」だということはもうわかっていただけたと思いますが、さらにその壊れたことを「バンザイ！」と祝うと、自分の中のネガティブがきれいに受容されて、ネガティブとポジティブのエネルギーが溶け合い統合します。

そして、フラットになります。

破壊を祝うことは、最強の引き寄せなのです。

私の知人で、日々自己と向き合う検証を楽しみながらしている人がいます。時々メッセージを送ってくれるのですが、コロナ禍で仕事がなくなったという連絡をくれました。

そのメッセージから感じる波動は、起こっている出来事とは真逆のもの。

「仕事がなくなったんですけど、もう嬉しくてしょうがない。次、何がやってくるんだろうと思うとワクワクします♪」

普通に考えたら「頭がおかしくなったのでは？」と思いますよね。「それは困るじゃない！　最悪じゃない！」となるところです。

でも彼女の中では、自分に合わないことや、我慢やつらさを感じながら仕事をするのではなくて、気持ちよく働ける世界が近くに見えていたのでしょう。見えていたから今の仕事が壊れたのです。

私たちは自分たちが意識したものを創造して生きています。意識しないものは現れません。すべて自分で創っているのです。

出来事を俯瞰して観察する

これから必要な破壊をしていくための「概念外し」についてお話ししましょう。

外側で起きたことにあたふたして、一瞬で巻き込まれてしまう人は、その出来事と自分自身（感情）が一体化しやすいという癖があります。

外界では毎日何かしらの出来事が起きています。気象も変われば、事件もあるし、世界中にウイルスが広がるような想定外のことも起きます。ですから、感情が一体化しやすい人は、いつも心が穏やかではないでしょう。

それは、外側が自分の内側を決めていると思っているからです。でも、本当は逆です。


感情の状態が、外側の出来事の見え方を決めるのです。

そこで、自分自身（感情も含め）のことや、外側で起きていること、他者の言っていることなどすべて、「俯瞰して」「客観的に」「冷静に」「淡々と」「距離を置いて観察する」といったスタンスで見てみましょう。

外側で起きている出来事を見て「どうしよう！」と慌ててしまったら、いったんその出来事を遠くに見るように位置づけてみるのです。

たとえば、映し出された映像を見ているように、「あ、こんなことが起きているな」と、ちょっと遠巻きにして全体像が見える位置に立つのです。

それは「木を見て森を見ず」という位置から、森の全容を観察できる位置まで距離を開けてみるということ。すると、「ああ、今、こんなことが起きているのか」と、冷静に他人事のように見られるのです。

この「距離をとる」ことが、客観視する、俯瞰するということ。

このように自分の意識を持っていけるようになると、「次どうしていこうか？」と冷静に考えて、淡々と次の現実を選べるようになります。

このように、自分の世界で起きた出来事と、いかに距離をとるか、ということがとても大事です。

自分の内側の波動（バイブレーション）が、次の創造の元になるからです。

あたふた、わさわさしている感情のまま、「わーーー!」と焦ってしまうと、思ってもいない行動をとりかねません。あたふたしている波動は、あたふたしている現実を創る、ということです。

落ち着いたエネルギーで次を選ぶと、落ち着いた現実がくるのです。

大切なキーワードは「距離をとる」ということ。物ごとを俯瞰して見ることで、外側で起きる出来事に巻き込まれず、自分らしく生きられるようになるのです。

サッサと切り替えてパッと手放す

新時代の生き方は、自分の心に湧いたちょっとした我慢も、見過ごさないこと。ちょっとの違和感も無視しないことです。

日々のそんな小さな取り組みが、ドッカーンと大きくシフトする原動力になっていきます。

人それぞれいろいろな波動を出して生きているので、恐れや不安のエネルギーは、人がいる場所ならどこにでも空中に漂っています。でも、そんなものはキャッチしないことです。

キャッチしないとは「もらうかもしれない」と思わないことです。

仮に、なんだか気分が落ち込むなど、不安のエネルギーをキャッチしても、そんな自分を否定しないでください。また、「誰がこんなエネルギーを出しているんだ！」

と他者を責める必要もありません。

「あ、キャッチしちゃったかな？　なら手放そう。パッ」これだけでいいのです。

先述した「俯瞰して」「客観的に」「冷静に」「淡々と」「距離を置いて観察する」に加えて、「サッサと切り替えて、パッと手放す」も重要。

素早く対応することが大事です。そうしないと、外の世界の勢いに負けてしまいます。

悩むのが好きな方はどうしても、「サッサと切り替えるのは私には難しいことだ」と捉えがちですが、もたもたしている場合ではありません。

この言葉はとても重要ですから、いつも頭の隅に置いておいてください。

大きくて態度もでかいエゴの声

エゴとは「心の抵抗」とか「ネガティブ感情」と私は捉えていますが、エゴの取り扱いに苦慮したことがある、またはしている人は多いのではないでしょうか。

私たちの感情はとても面白い反応をしますよね。たとえば、何かやりたいことが見つかり、ワクワクした喜ばしい気持ちで「やってみよう！」と決意したのに、そのとたんに「そんなことうまくやれるわけがない」「そんなの難しいに決まってる」「簡単にできるわけない」「昔うまくいかなかったじゃないか」などと、まるでもう一人の自分が訴えてくるかのように、間髪いれずに否定的な声が湧いてきます。

ワクワクした願いや、さらに発展していくためのイキイキとした意図に対して、「そんなの無理。できないよ！」と、真逆へ引っ張る感情のエネルギーをエゴと言います。

これからは、このエゴを超越していくことがとても大切。

エゴとのつき合い方が上手になれば、もうネガティブ感情やマイナス思考のパターンに苦しむこともほとんどなくなるでしょう。


エゴは自分が決めた願いによって違いますし、また強さ（出方）も個人差がありますが、誰もが持っています。でも、大きな特徴はこうです。

エゴの声 ＞ 本心の声

自分の本心より、エゴのほうが態度も声も大きいということです。本心の声は遠慮がちで、エゴの声より小さいのです。

本心の声は繊細で、細やかで、澄んでいるすがすがしいエネルギーなので、しっかり耳を傾けて聞いてあげないと、聞こえないこともあるくらいです。

それに対してエゴの声は年がら年中「それ無理だ！」「できるわけない！」と大声をあげて、本心の声をかき消しています。そのため、本心はエゴの力に負けてしまいやすいのです。

私たちの本心の声は素直で純粋で澄み切っています。愛に満ちています。そして、その波動は大いなる宇宙（愛ですべてを循環させるエネルギー）とぴったりと同調します。

私たちが嘘をつかず本心で選択し、行動していくと、スルスルと世界がうまくいき始めるのは、大いなる宇宙の愛のエネルギーとぴったり同調するからです。

要するに「宇宙とつながる」という状態が起きるようになるのです。

ですから、本心で願ったことは、頑張り過ぎたり無理し過ぎなくても、きちんと宇宙からのサポートが受けられるようになるのです。

それなのに、エゴの声が大きいために本心を聞き取ることができず、私たちは自分の中に「できない」という制限をつくり出してしまうのです。

その結果、「できない」というエネルギーが現実として創造されていることが圧倒的に多いのですね。

このように「エゴって態度がでかいんだ（笑）」とあらかじめ知っておくと、ちょっと気が楽になりませんか？

大事なことは、エゴやネガティブ感情の大声が聞こえたら「あ、またやってるな」くらいの距離感を保つこと。

冷静に見られるようになれば、エゴの声の下にある本心の声を、ちゃんと拾い上げることができるようになります。そして、それを叶えることのほうが魂の本質の方向性なのだということも理解して進んでいけます。

なぜこのようにエゴの声は大きいのかと言うと、本音に耳を澄ます、という練習をさせられているからです。

自分の本心を受け取るというのは、それくらい繊細なエネルギーを感じる練習なのです。

日々丁寧に自分の奥深いところにある本心の声を聞く練習をしていってください。

そうやって聞く練習をしていくと、だんだん直感力も上がり、自分のセンサーが磨かれていくのです。

けれどもエゴはエゴで、とてもすごい役割を果たしているのです。陰陽どちらにも価値があるのですから、エゴも嫌がらないでくださいね。

エゴに気づいた時は、「この下にある本心はなんだ？」と冷静に自分の心の声に耳を傾ける習慣をしていきましょう。

エゴを越える方法

本心のパワーより圧倒的に大きいエゴのパワー。どうやったらエゴの抵抗を小さくして、本心を優先していけるのでしょうか？

エゴの越え方には2つの方法があります。

それは、エゴから出た「感情の受容」と、「セルフコーチング」（自分への問いかけ）です。

豊かな体験をすると決めると、「できる！」「やるぞ！」というイキイキしたエネルギーと、「ダメだ」「できない……」というネガティブなエネルギーとのせめぎ合いが起こります。

このエゴの声を冷静に聞いて受け入れ、「できる！」「やるぞ！」とシフトしていいかなければ、自分らしい人生を生きることはできませんから、感情受容とセルフコーチングをやっていきましょう。

ネガティブ感情の受容方法については、ブログ開始当初からずっとお伝えし続けていますが、本書でも「MACO式感情受容メソッド」（89ページ）として紹介していますので実践してみてください。

簡単に言うと、ネガティブ（エゴの声）と敵対せず受け入れることです。

すると、だんだんネガティブの声は小さくなってくるのですが、これも「頑張ってやる！」と力を入れるのではなく、「俯瞰して」「客観的に」「冷静に」「淡々と」「距離を置いて観察する」。事務的にサッと見てパッとやる、という感じがいいのです。

ですから、「あ、またエゴの声が騒いでるな」と気づくだけでOK！「頑張ってこれを受け入れなければ、大変なことになる！」と思う必要はありません。

たいそうに捉えて大騒ぎすると大火事になってしまいますが、**「あ、ネガティブがあるな。今私はこういう感情を出しているぞ」という程度で大丈夫。**

距離を置いて、もう一人の自分が見ているような、第三者的な立ち位置で感情に気づいてあげれば、もう受容は完成です。

そしてすかさず、「どうありたいか？」を自分に問いかけて、淡々と選択してください。

繰り返しますが力を入れなくても大丈夫です。

たとえば、「コーヒー、飲も♪」と思った時、「コーヒーを飲むぞおお！！！」と力は入れませんよね？　この「コーヒー、飲も♪」という時の気楽なエネルギーでいいのです。

何度かこの作業を繰り返さなければならないことはありますが、淡々とパッパとやっていくことで心への負担はなくなります。

エゴの取り扱い方がマスターできると、自己実現や本当の自分を生きるために制限をしなくていいとわかるので、同じ状況下であっても、まるで別世界のように見えてくるはずです。

本心の声の見極め方

本心の声は、どうやって見分けるかと言うと、**外からの刺激を受けたあと、いちばん最初に上がってくる声、これが自分の本心の声だと思ってください。**

エゴの声は、このあと2発目以降に出てくる声たちです。

例を挙げて説明してみますね。

あなたが身近な人からメールで、久しぶりに会って食事に行かないかと誘われたとします。「来月頭くらいまでに会える?」という相手の問いに対して、「今は忙しいからちょっと無理だ。抱えている仕事もあるし、これが終わってから会いたいな」とすぐ思いました。

しかし、そのあとメールをじっと見ているうちに「なんとかして、相手の言う来月頭までに自分の予定を調整できないだろうか?」と思い始めます。

それからは次々といろいろな声が出てきます。「せっかく誘ってくれているから」「まだわからないと伝えたら不穏な空気になるかもしれない」など、どんどんあなたは思考にハマります。

ここで、自分で自分に質問してみるのです。

「何が本心なの？」
「今なんとかして相手に合わせたら、本当は大変じゃないの？」
「本当はどうしたいの？」

この問いかけで出てくる答えは「今は忙しいからすぐは無理、仕事が終わったら私から連絡したい」でした。

そうです！　いちばん最初にパッと思ったことでした。**あれこれ考えてエゴの思考にハマった時は、自分へ問いかけることで本心に戻れます。**

これはコーチングワークとして、ぜひ日常生活の実践に落とし込んでいってください。

WORK

思考を修正する「MACO式」感情受容メソッドとセルフコーチング

★自分を否定しない「MACO式感情受容メソッド」

感情受容とセルフコーチングの方法は先に述べた通りですが、ここでは、実践できるように、もう少し詳しく説明していきます。

ネガティブ感情（エゴ）がドーンと出てきたら、自分と対話をしたり、自分を客観視して捉えてみましょう。

じつは、エゴにとって苦手なことがあります。それは「共感」されること。

「あっちには行かせないぜ！」と一生懸命抵抗しているのに、「抵抗しているのね」と認められてしまうと、エゴは簡単にパワーを失います。これが受容です。

決してネガティブ感情を否定しないことがコツです。

◎人と比べて、自分のできなさに落ち込んでしまった時

エゴの声「どうせ、私にはできない……」

言葉かけ「そう感じているんだね。しんどいね。でも、それでいいからね」

◎やりたいことを仕事にする自信がない時

エゴの声「やりたい仕事で食べていけるわけがない！　絶対無理だ」

言葉かけ「そんなふうに感じていたんだね」「無理だと思ってたのね」

とことん受け入れつつ、淡々と時間をかけずに答えましょう。感情を否定したり押さえつけたりせず、眺めてあげること。「ネガティブ感情があるな～」「あ～、出てきてるな～」とただただ眺める。そして感じ尽くすくらいに、出しっぱなしにしてあげてください。

　繰り返しますが、「ネガティブな感情を持っていてはいけない」「出てきてはいけないのだぁ！」と否定しないこと。ネガティブな感情があっても人生は変えられますから、どんな自分も否定しない練習をしてください。

結局は、「ありのままの私」でいることでしか、喜ばしく生きることはできないのですから。

自分を否定しないということは、最初は難しいかもしれませんが、それは自己否定する自分にそれほどなじんでいる証拠です。どんなに決意しても「翌日になったらまた元に戻っていた」ということは往々にしてあります。元に戻ってもあまり気にせず、結局、自分の意志力が勝つと思っていれば大丈夫です。

★自分を発見するセルフコーチング

感情を受容したら、ネガティブ感情が鎮まるタイミングが必ずきますので、その時にセルフコーチング（自分への問いかけ）をしていきます。


「できないと感じているけど、どうしたい？」

「本当はどっちに行きたい？」

「無理だと感じているけど、それでもどうしたい？」

「どんなゴールを選ぶ？」

コツは、「ネガティブやエゴの存在をもう受け入れたよ」という視点で問いかけることです。

本心からの願いであれば、否定を感じていても「諦めたくない」といった気持ちが出てくるはず。その時こそ、思考修正の絶好のタイミングです。


「できないと感じたけれど、でも○○をやる」


と意識を再度送り直して決め直しましょう。この時も、心の中の何かと闘わず、淡々と宣言すればいいだけです。時間をかけず、パッパと事務的に対応してください。

1回声をかけて1回確認したら、「美味しいコーヒーを飲もう」とか「買い物に行こう」など行動を切り替えて、まったく違うことをするといいでしょう。

終わりよければすべてよし、ということわざがあるように、ひとつのトピックに対して「最後に何を思うか」「どんな思考を選択し、何で終わるか」が大事です。

1回や2回失敗したくらいで、「やっぱりダメだ！」と結論づけず、しばらく取り組んでみてください。

人によってペースは違っても、このワークは心の抵抗と闘わない方法なので、必ず変わっていきます。長年慣れ親しんだ思考パターンですから、最初はそのパワーが大きくて不安になるかもしれませんが、大丈夫です。

私たちがいちばんやらなければならないこと（使命）は、毎日、喜ばしい感覚を感じて、自分のことを否定せず、愛のエネルギーを感じながら生きることです。

この意識こそ引き寄せ（望んだ自己実現）のベースになるのです。だからこそ、感情を冷静に受け入れることで「いろいろな自分の感覚に気づく実践」が大事なのです。

新時代に入った今、物理世界の変化は待ってくれませんから、進化を意図してどんどん進むのみです。

破壊の先にあるのは、
本当の自分を生きる世界

本心の声に従って生きる、つまり自分の本質で生きようと決めると、今の時期はとくに、2つのことが起き始めます。

ひとつめは、**気づきが増えることです。**

「私って、こんな思いもしないような概念（ブロック）を持っていたのか」「私の本当の望みはこれだったのか」「口で言うほど、その望みを求めていなかったんだなぁ」「長年癒されなかったのは、自分の中にこんな思いを持っていたからだったんだ」などです。

今まで無意識下にあったため気づけなかったことが、意識上に浮上してきて気づけるようになるのです。

そしてもうひとつは、**「現実がいったん壊れて再生する」という流れが起き始める**

ということ。別の言い方をすると、いったん縁が切れて、自分にとって本当に望ましいところへ向かうということです。

「私にはこれ（この人）だ！」と思える真にご縁があることや人、場所、物に繋がっていけるようになるのです。

自分の本質を生きるために必要なことは、とにかく「本当の自分を知ること」です。

そのためにも、自分がいったい何を選んで生きているのかを客観的に眺めることがとても重要です。そしてそこから「自分はどうしたいか」という本心に従って、自らの意志で選ぶのです。

選んだことを実行する時に破壊が起きますが、壊れた瞬間はおそらく「もう再生はない。あとはないんだ……」と感じると思います。この反応は普通です。けれど、本当（本質）の自分にとって望ましくないエネルギーと切れないことには、望ましいエネルギーに接続できません。プラグを抜いてさし直すイメージです。

この変化はエネルギーレベルで起き始め、その後、現実となっていきます。必ず見えないところから変化し、やがて現実となって現れます。

さらに言うと、エネルギーはまず「出す」のが先です。

受け取ることが先ではありません。「もらえたら出す」というのは、「出さないけど、ほしい」と言っているようなもの。それは成り立ちません。

壊れる現象を見た時は、エネルギーレベルではもう「次」が出てこようとしている時なのです。

「本当に望むものとの縁結び（再生）は必要ない」と強く思っていない限り、破壊は必ずやってきます。残念ですが（笑）。

物理次元で見ていると、どうしても「壊れた」時は困惑すると思いますが、その時点で「未来は大丈夫」と信頼するか・しないか。それが大事なポイントなのです。

ぜひ信頼してみてください！

エネルギー供給の法則

疲れやすく休日は昼まで寝ないと体力が回復しない、という人も多いでしょう。

じつは何かや誰かを恨んだり、妬んだり、自分を否定して嫌ったりしていると、多大なエネルギーを消費して疲れやすくなります。

反対に、喜んだり、楽しんだり、嬉しい気持ちになっている時はエネルギーの消費量が少ないので疲れません。

この「エネルギー供給の法則」を知ると、エネルギーを蓄えておくには、ネガティブ感情をいかに手放すかが大事ということがわかります。

怒りや心配は、本来悪者ではないのですが、これらの感情には多大なエネルギーを投入することになるので、喜んでいる時の何倍ものエネルギーを消費することになります。そのためすぐガソリン切れになるのです。

毎日延々と怒ってばかりという方は、創造するところまではエネルギーを行き渡らせることができませんから、74ページの「出来事を俯瞰して観察する」や89ページの「MACO式感情受容メソッド」を参考にしてみるといいですね。

エネルギーが停滞している状態から簡単に抜けられるようになりますよ。

自分をかわいそうな存在にしない

「私の人生こんなもの」なんて言葉が口癖になってはいませんか？　ほかにも、「世の中ってこんなもの」「日本ってこんなもの」「○歳になるとこんなもの」……挙げたらきりがありませんが、自分の人生がどんなものかは、他人や周りが決めるものではありません。

しかし、他人や外の世界が言っていることを自分が採用すると、そうなります。周りが無理やりそうさせるのではなく、自分がそれを「選んだ」時にそうなるのです。

あの人のせいで、社会のせいで、政府のせいで、国のせいで……これらはすべて被害者意識です。

「自分以外の人や物ごとなど外の力が私をこうしている」という視点に立つ限り、いつまでも被害者のままです。

新しい世界を生きると決めた時、いちばん手放さなければいけないのが、「被害者意識」と「罪悪感」です。

被害者意識を持っていると、できない言い訳を簡単につくることができるからです。また、その波動の現実が引き寄せられるので、自分が被害者になるような現実も創造されやすくなります。

被害者意識を持っていて、いいことなど何ひとつありません。

これからは勇気を持って、「被害者意識から抜け出す」と決めてみましょう！

私も過去、被害者意識をとても強く持っていた時期が長くありました。

「あの人が仕事をサボるせいで、私がいつも迷惑している」「（子どもに）手がかかるせいで、私は子育てに苦労させられている」「（元夫に対し）家事を手伝ってくれないせいで、いつも忙しくて仕事との両立がままならない」……。

挙げればきりがありませんが、そうやって自分をかわいそうな立ち位置に置き、誰かに攻撃の意識を向けたり、誰かから憐れみを受けようとしていたため、私は被害者の立場から抜けることはできませんでした。

でも、「私は被害者じゃない。現実を自分で創造する創造主なんだから、ここから抜ける」と決意し、「被害者意識を捨てる」ときっぱり腹を決めた時から変わりました。

自分のことをどう見ているかという「意識の在り方」は、現実創造にとても影響します。

「おっちょこちょい」「大切に扱われない」「不器用」「恋愛下手」「お金がない」「老けてきた」……こんなふうに、できない・やれない・ダメだと自分を「意識して」見ていませんか？

これはセルフイメージとも言われますが、「自分が自分をどう見ているか？」は、現実創造に強い影響を与えます。

自分に力があるかないかは、自分が決めているのです。

もし、自分のことを「かわいそう」と見ているなら、今日から手放して忘れていきましょう。長く親しんだ自分のセルフイメージですが、「もう手放す！」と決めてください。

自分のことをかわいそうな存在（力がない存在）だと見ていると、人からエネルギーを奪う〝クレクレ星人〟や〝かまってちゃん〟になりやすくなります。

そして、他者のこともかわいそうと見ないことです。

この世界に、本当にかわいそうな人はいません。どんな環境で、どんな状況で生きていても、力がない人というわけではありません。病気と闘っている人であっても、お金に困っている状況があっても、同情でサポートするのではなく、「この人はいいようにもっと変われる」と信頼でサポートをしてあげてほしいと思います。

同情は一見優しさに見えますが、相手に対する不信（できない・やれない）のエネルギーが混じっていることがあります。

どんな人も力があります。自分自身もです。そんなふうに、自分のことも人のことも見ていきましょう。

被害者意識は新しい世界ではいっさい不要です。手放すと、しっかり決めてしまいましょう！

決めるとエネルギーが切れるので、体の波動が変わる感覚があるかもしれません。

もちろん、ふと元の思考パターンに戻ってしまうことも何度か繰り返しますので、被害者意識が出てきたら、「もう卒業するんだったよね」と優しく、そしてビシッと自分を叱咤激励してあげてください。

感情を受容して、落ちた波動を上げる

ほとんどの人は、誰かのせいで自分がダメになったと思っていますが、本当は自分が自分をダメにしています。

「自分の世界の創造においては、自分のエネルギーが力を持つ」というとても大事な視点を、多くの人はすっかり忘れて過ごしています。

そのため「あの人のせいで私はこうされた」「あんなことを言われたからダメになった」という思考パターンが固定化し、そのエネルギーから行動をしています。

冷静に観察しても「○○のせいでこうなった」と感じることもあるでしょう。しかし、あえていったん感情を受容して、「全部自分が創造した世界だ」という視点を持ってみるのです。

そうすることで、今からいくらでも自分で創造し直せる、という意識にスイッチを入れられるのです。やるか・やらないかだけです。もちろんやってもやらなくてもいい。自分の世界は自己責任であり、自分で自由に決めていいのですから。

イキイキとした波動でなければ、イキイキとした現実は起きません。だから落ち込んだ時も、波動を戻すために感情を受容をするといいのです。落ちた波動のままだと落ちた現実しかやってきません。これはエネルギーの法則です。

感情の受容をすると、落ちていた波動がポンと上がって元に戻ります。

感謝していると、感謝したくなるようなことがまたやってくる。「ありがたいな」と思っていると、「ありがたいな」と感じることが、また別の場所からやってくる。「満ち足りてるな」と思っていると、満ち足りる現実が違うところからやってくる。こういった仕組みは、絶対的な宇宙ルールなのです。

宇宙のサポートをとことん信頼する

「これ、本当にそうなるの？」「私は大丈夫かしら？」と疑い続けると、現実は不安なほうへ動いてしまいます。

でも、疑いの気持ちが湧いてしまうことはありますよね。そんな時は、どうしたらいいのでしょう。

疑う気持ちが出たとしても、「こうなる」と意志を決め直していくとともに、モヤモヤッとした感情はしっかり受容してあげましょう。存在を否定せず「モヤッとしてるなー」「モヤモヤさんがいても大丈夫」と距離を置いて眺めてあげましょう。

「疑わない」ということは、この先のすべてを信頼しているということです。

私はブログでも、ことあるごとに「信頼の練習をしてみよう！」という話を書いているのですが、自己対話がしっかりできてくると、未来（起きてくる流れ）への信頼ができるようになっていきます。

宇宙の采配（サポート）を信頼できるようになると、この流れはベストなんだ、いいことに繋がっているんだと信頼できるようになり、それは自分自身への信頼にも繋がっていきます。

「私は大丈夫！」と思えるようになります。

たとえば、その時できなかったことがあっても、「今はタイミングじゃないのね」「できないほうがよかったのだな」ということにあとから気づく出来事が起きたりするなど、どんどん宇宙の采配がわかるようになります。

執着を握りしめない

パートナーシップの相談でよくあるのが、相手への執着です。束縛しようとしたり、相手をコントロールしたりすることで、思い通りに動いてもらいたいと思考しがちです。しかし、それは「幸せ」ではありません。

幸せとは、変化しながら循環していくこと。そして発展的に動き続けていくことです。

相手と自分が合わないところも含めて、すべてを愛していると感じられることが幸せですから、一緒にいる時間が長くなればなるほど体験も増えて、愛も尽きることがないのです。

そもそもエネルギーとは、放っておけば勝手にいい方向へと動き、変化していきます（一見そう見えなくてもです）。

だから、執着して握りしめるということは、水を溜めたまま腐らすのと同じこと。流れてくるもの、やってきたものはただただ楽しんだり、目一杯愛するだけでいいのです。 愛を出しているだけでいい、ということですね。

「愛した分だけ元を取らないと！」という思考も執着と同じです。私はこれを「ビュッフェ思考」と呼んでいて、「払った金額分は絶対食べる！」とか、「払った金額以上食べないと損してる！」という思考のことを言います。

残念ながらこの思考をしている限り、発展する（増える）ことはありません。出して元を取ってチャラになるだけ。プラスマイナスゼロです。

人もお金も愛情も、「出した分だけくれ！」といった意識では循環しません。執着して握りしめることから、循環へと自分の意識を変化させていきましょう。生きることが、とても楽になっていきますよ。

WORK

執着を波動の高いエネルギーに転換させる方法

好きな人に対して「絶対、彼氏にしたい！」「放したくない！」といった執着が湧いてきた時に試してみてください。

① 「会いたいな～」「私のところに早くこ～い♡」そう感じている自分をさらっと受け入れて、「それくらい〇〇さんのことが、私大好きなんだ～」と感じましょう。

② 「〇〇さんが大好きだな～」としみじみ感じて味わってください。少し長い時間、「好きだなぁ」「大切な人だなぁ」「愛おしいなぁ」というほっこりした波動を感じましょう。

自らエネルギーを下げる嫉妬や悪口

私の高校時代、まだ波動の話や意識、思考の世界も知らなかった時のことです。

いつも悩みごとが尽きなかった私は、誰に何を言われたわけでもないのに勝手に「私は人に好かれないタイプだから」と思い込んでいました。誰かと目が合うと「私のことを何か悪く言ってるんじゃないか？」と勘繰っては、自分で自分の波動を重くしていました。

また、落ち込むと愚痴を言いたくなったり、自分を嫌っている（と自分が勝手に思い込んでいた）人の悪口を言いたくなったりしていました。

でもある時、愚痴や悪口を言う居心地の悪さを感じ、「私って嫌な奴！」という強烈な自責の念を感じたことがありました。

それがかなりしんどかったので、「愚痴や悪口を言いたくなっても、しばらくは人に言うのをやめてみよう」と決めました。

嫌なことを言われたりする場面があっても、「言わないって決めたんだから、しばらくこれを続けよう」と思い直したのです。

感情を押さえ込むだけだとストレスを溜めることになりますが、今思えば、「決めたんだからね」「嫌だなと感じたことは否定しなくていいしね」と、知らず知らずのうちに受容していたようです。


これを実践すること数ヶ月。自分の周りにどんな変化が起きたかと言うと、特に何もしていないのに、クラスメイトととても気持ちよく過ごせるようになりました。これまでは、たまにムッとすることを言われたり、悪口を言われているのかなと感じることもあったのですが、相手が変わったと思うほど心地いい関係になったのです。そして誰からも何も嫌なことを言われなくなりました。

「自分が言わなくなったら、起きなくなった」という図式です。

これは波動の法則的に言い直すと、「その波動を出さなくなったら、その波動の事象が返ってこなくなった」ということ。

「出したものは受け取るもの」とよく言いますが、宇宙の法則はすごくシンプル。17歳の時にこの体験をしつつも、いつしか記憶の中に埋もれてしまいましたが、それから何十年も経ち、こういう仕事を始めてからふと思い出したのです。

そして、「言葉の波動」について検証し直した時、「たしかにその通りだ」と感じたのです。

社会で生きていると意地悪な人はいます。残念ながら、他者に嫌味を言ってストレス解消をするような人や、パワハラをする人もいます。悪口を食べて生きているような人を見ることも、少なからずあります。

でも自分の意識の中で、「悪口を言ったり、言われたりする世界を選択しない」と決めて、その波動を出さないようにしばらく実践してみると、本当にその通りになっていきます。これはぜひ一定期間やってみてほしいことです。

嫉妬や妬みのエネルギーを人に投げるのも同じです。

嫉妬や妬みが出る時は、大きな学びのタイミングでもあり、シフトの時なのです。

「あの人がうまくいかないように」という思考になる時は、「自分にはそれがない」「あの人もそこに行かせたくない」というエネルギーが内側にあります。それは、人を繁栄させないエネルギーです。

大いなる宇宙のエネルギーは「繁栄する」ことをベースに動きます。愛とは繁栄して、循環し続けることですから。

となると、誰かのことをうまくいくな！　幸せになるな！　と思うことは、そのまま自分を繁栄させない行為になるのです。
「人を呪わば穴二つ」とはこのことで、自分が出した波動がリターンされるということです。

悪口を言ったり、嫉妬や妬みのエネルギーを相手に向けて送っていないか？

それに気づいたら、「嫉妬してるな私、そんな感情を持ってたんだね。もう静かになっていいからね」と、意図して眺めるように受け止めていくと、だんだん小さくなっていきます。

自分の周囲が爽やかなエネルギーになっていくのを体感するはずです。

WORK

嫉妬を波動の高いエネルギーに転換させる方法

憧れの世界に軽やかに移行していく友だちに「絶対、成功してほしくない」といった嫉妬が湧いてきた時に試してみてください。

① 嫉妬するほど、「その世界に行きたい」と思っているということ。そう感じている自分を受け入れて、「私は嫉妬するくらい、その世界で生きていきたいと思ってるんだなあ」と感じましょう。

② その世界で活躍している自分を味わってください。幸せに満ちた気持ち、喜びで溢れる波動を感じましょう。

たったこれだけですが、嫉妬のエネルギーが素敵な愛の波動に変わります。

自分の在り方が問われるパートナーシップ

「世間体」という言葉は最近あまり聞かなくなったかもしれませんが、他人の目を気にして行動できないとか、人にどう思われるかが気になるというのは、世間体を気にしていることと同じです。

親に「世間体が悪いから、早く結婚しなさいよ！」と言われたことがある人もいるでしょう。しかし、「地の時代」が終わる少し前あたりから、籍を入れない事実婚とか、結婚しているけれど別居して暮らす別居婚や夫婦別姓など、パートナーシップの在り方自体が、とてもバリエーション豊かになっていきました。いろんなスタイルを選ぶ人がこれからも増えるでしょう。

「世間はどう見ているか？」とか、「親や親戚にどう言われるか？」ではなく、自分たちで「この在り方がいい！」という形を選んでいっていいのです。

「仮面夫婦」という言葉が流行った時もありましたが、「エネルギーレベルで本当のご縁と繋がる生き方をする」と自分が選べば、仮面でいることができなくなる出来事が起こるか、自分の気持ちがギブアップするか、のどちらかになります。

「大切な時間の使い方をどうしたいか？」と自分に聞いて、答えを出せばいいのです。

その際に、「本心を生きる」と決めた人には、仮面夫婦をするのはだんだんつらくなるので破壊が起きるか、新しい真のパートナーと出会って次の世界を創造するかになっていくでしょう。

毎日本当にこの人がいてくれてよかった、と思って眠りにつきたいですか？

それとも、いないほうがせいせいする、と思ってこれからの時代を生きたいですか？

それを選ぶのは、あなたなのです。

ネガティブな癖に気づけたら、それが覚醒

多くの方から「覚醒したい」とか「覚醒体験をしてみたい」という声をいただくのですが、それは「覚醒すると願いが叶う」と思っているからかもしれません。

しかし、覚醒体験とは、ものすごく高尚なことではありません。「日々の小さな気づき」のことです。

ですから、不思議体験をしていなくても、私たちは覚醒しているのです。

日常生活でふと、「あ！」という言葉が出る時です。急に腑に落ちた時や、何か発見した時などに、この言葉が出ますよね。

「あ！」と思った時は覚醒していますから、いっぱいこの感覚に気づいてください。

気づきにもいろいろバリエーションがありますが、私がみなさんにぜひ体験しても

らいたいと思っているのは、「それをやっている自分に気づく」ことです。

たとえば、ネガティブな状態に落ちて、ガンガン自分を責めているなら、「それをやってるな……」と気づいてほしいのです。

この気づきは、ネガティブと一体化している時には起きません。

スキマや距離がなければ気づけないような気づきを、いっぱい体験（発見）してほしいと思います。

「ああ、やっちゃってる、私〜」

「私、また繰り返してる！」

「ネガティブが好きな私に気づいちゃった（うわぁ汗）」

といった感じです。

手放したいものと自分とのスキマが空くと、ようやくその全容が見えてくるわけです。

私はこのコロナ禍に、「ネガティブと一体化することから完全に抜けた」と感じた体験がありました。

その時、「ああ、やっぱり全部自分で創造しているんだ」ということが、ストンと腑に落ちたのです。「すべて自己責任」（すべて自分で創造している）という言葉の真意を、ようやくつかめた気がしました。

多くの方が、これからは「ネガティブだった頃が懐かしい」というように、ネガティブな感情は過去のものになっていくのだろうと思います。だって、世界は全部自分で創っているのですから。

WORK

自分の常識や概念を疑ってみる

この章では、世間一般の固定観念や古い概念を破壊して、意識を変容させることが大事と話してきました。当たり前だと思って無意識に使ってきた概念ほど変容が必要だと気づいていただきたいのです。

多くの人が「当たり前」と思っていることをリスト化しましたので、「それは本当？」「自分はどう思う？」と自分自身に問いかけて、マインドブロックに気づきましょう。

- □家を買う時は35年ローンが基本？
- □60歳で定年になったら、ようやくゆっくりできる？
- □老後の楽しみって？（楽しみって、老後までとっておくもの？）
- □9～18時の1日8時間勤務は当たり前？（5時間以下でもよくない？）
- □サービス残業をするのは素晴らしいこと？
- □好きなことでお金を稼ぐことは難しい？
- □一生独身は負け組？（勝ち負けなんてある？）
- □年を重ねると必ず体の不調が出る？
- □結婚したら一人前？
- □40歳を過ぎたら出会いがない？　結婚できない？
- □シングルマザー（ファーザー）は再婚できにくい？
- □ステップファミリーはうまくいかない？
- □女性は若いほうがモテる？
- □自分の本心を言うと、人とうまくいかなくなる？

□人に意見を合わせるほうが、世渡りがうまくいく？
□我慢は美徳？
□人と違う価値観を持っていると変な人？
□ハイブランドを持つことは豊かさの象徴？
□年をとったら新しいことはやりづらくなる？
□老後は子どもたちの迷惑になりたくない？
□2人に1人は癌で死ぬ？

注：ステップファミリーとは、子連れ再婚や事実婚による血縁のない親子関係や兄弟姉妹関係のある家族。

Chapter

3

喜びに満ちた世界を創造する

「創造」は魂がもっとも望んでいること

「創造」という文字が表しているのは、「まったく何もないところから、一から創っていく」という意味です。

そして、「あれがやれない。これができない」というものをたくさん持って生きてきたけれど、本当は何の制限もなく、自由にいろんなことをもっと創造できる存在、それが私たちです。

「創造」を本格的に楽しんでいく時代に入りました。そのために必要な項目は、まず意識の変容です。そして肉体は3次元にいますから、実際に必要な行動、「体験」も出てきます。

こうやって私たちは体験を楽しみ続けていくわけですが、創造とは、私たちが生まれた時にいちばんやりたかったことでもあるのです。

そして、大事なのは「創造の原点って、何？」という基本です。

知識や情報が増えてくると、目新しい情報に振り回されて、原理原則の基礎や必須の行動とは何か、という基本を忘れてしまうことがありますが、もう一度原点に立ち戻りましょう。


現実創造は、波動（バイブレーション）によって起きます。


量子力学を使って説明すると、私たち自身が素粒子（光子）です。すべて波動によって創造を行っているわけです。

このことだけを覚えておけばほかのことは必要ないくらい、大切な基本です。

そして、私たちの意識や思考が、波動の状態を決めます。

「私の人生は、なんだかんだ言っても素晴らしく、幸せになっていく」と思っていれば、そのようになっていきます。しかし、「どうせいいことは起こらない。いいことが起きても、次は悪いことがやってくるのが常だ」という信念を無意識に持っていたら、そのバイブレーションが、「そのように感じる」現実を創造していきます。

これは単純な仕組みですが、人は脳内でいろいろ考えたり、感情を持っているので、波動がコロコロ変わるという性質があります。

望む現実を創造するにはそこが厄介なのですが、自由に考え、感情を味わうことができるからこそ、幸福感や癒される感覚もしっかりわかるのです。

すべて陰陽のバランスで動いていますから、ネガティブな感情が沸き起こった時は、「ＭＡＣＯ式感情受容メソッド」（89ページ）をしていきましょう。これは、自己実現のプロセス上、必要になっていきます。

肉体がなくて意識だけだったら、どこへでも飛んでいけます。でも体があるためにスピードが遅くなり、３次元的に体を使わなければできないこともあります。

しかし、体感をともなう行動こそ、私たちの魂がいちばんしたかったこと。体を使って「創造」していく体験を楽しんでいきましょう。

自分に問いかけて、最良の意識を導き出す

２０２０年から続くコロナ禍は、身動きが取りにくい時期でした。けれど、どんな時もセルフコーチング（自分への問いかけ）することで、その時々の最良の意識の使い方と行動を導き出すことは必ずできます。

「今この状況でできることはなんだろう？」
「今自分ができる最良の行動はなんだろう？」

自分なりに状況に合わせて言葉を選んで問いかけてみてください。
脳は質問をすることで活性化します。与えられた状況（制限）があるにせよ、その中から最良の選択を導いていくことで、人生は進化・発展を続けていきます。

ですから、コロナ禍でずっと私が実践していたことは、このセルフコーチングでした。

「どんなマイナスに感じる状況も進化のため」と捉えると、見えてくる世界は一変します。

脳に質問を投げかけると「答えを探そう」とアンテナが立ちます。

たとえば、「今与えられている状況で、すぐ楽しくなれるものって何？」と聞けば、「仕事帰りに美味しいケーキとカフェオレをテイクアウトする」と出てくるかもしれません。そして答えが出たら、行動でそれを叶えていきます。

これを習慣化すると、腹に落とし込めるようになっていきます。

自分の世界をもっと明るくイキイキ軽やかにするためにも、制限がかかっている今の世界だからこそ練習できることがあるのです。

「こんな社会だとさ～」と文句を言うのは簡単ですが、自己実現していく人は、どんな状況からでも何かを見つけ出せる人です。「受領《ずりょう》は倒るる所に土をつかめ」という言葉のように、「転んでもそこから何かをつかむ」という視点を持っている人です。

「あれのせいでこれができない」と「できない」を探す脳は、「ない」の波動しか体験できなくなっていきます。

「今、何ができるのか?」という問いかけこそ創造を生むのです。

自分の世界は自由自在に創造できる

「自分がいちばん上」という意識は大切です。これは、「私は偉いんだぞ」という意味ではなくて、「私の世界は、私の意識が創造する」ということ。

いつもここの意識を忘れないでください。

占いも、パワーグッズも、新月・満月も、一粒万倍日も、冬至のグレートコンジャンクション（木星と土星が地球から見て同じ角度でぴったり重なる）も、自分にとってとても素晴らしいサポートになるし、日々活用もできますが、どれも私にとっては、自分のパワーより上には存在していません。

どんな時代に入ろうと、自分の意識の軸がしっかり立っていない限り、何も変わりません。ですから、世の中の流れに踊らされて「風の時代になったからやる」ということではなく、何が起きても、私はいつも自由自在に自分の世界を創造できる！　そして日々私は進化している！　という視点を持っていることが大切です。

何かひとつ考えごとを始めると、そこにエネルギーが流れます。ですから、不安や望まないこと、できないことなど、自分にとって不必要だと思うことには、極力意識を向けないようにしてみましょう（そう決めると、できるようになっていきます）。

すると、自分にとって、愛ある場所や必要なところだけにエネルギーが流れるようになるので、びっくりするようなスケールの出来事が急に増えます。それは、タイムラインが変わるからです。

「それが簡単にできたら苦労しない」というエゴの声が出てくるかもしれませんが、決めていたら変われるのです。

物ごとを複雑に捉えない

古い概念を手放して、自由自在に自分の世界を創造するには、シンプルに物ごとを見て、捉えて、選び直すこと。これが何よりも大切です。

何もこだわらない、嫌なところにいつまでもエネルギーを流さない（嫌な場に長居をしない）、いちいち勘繰らない――これらは、当たり前と言えば当たり前かもしれません。

しかし、これまでみなさんからいただいてきた質問を見ていると、圧倒的に「難しく考えている」という性質のものが多いのです。

物ごとをねじ曲げるほど深読みしたり、外からはわからない他人の心の中を「こうだ」と決めて推察（断定）したり、一つひとつに「こうでないとダメなのかな？」と立ち止まっては、「できているか？　できていないか？」の検証ばかりしていたり……。これらはすべて、物ごとを複雑にしていると気づいてください。

「これが違うなら、あっちを試してみようかな」
「居心地が悪いなら、違う現実を選んでみよう！」
「心に聞いて出たことを、とりあえずやってみよう！」

これくらいシンプルにいきましょう。

複雑に考えている時はエネルギーが停滞します。停滞すれば願った世界に行くまでに、時間がかかってしまいます。

複雑に考えてしまう時は、89ページの「ＭＡＣＯ式感情受容メソッド」を実践してみてください。

物ごとを複雑にしない。これを徹底することで、望む世界を最速で創造することができるのです。

ベストパートナーとは、エネルギーが勝手に開く相手

誰もが幸せなパートナーシップを願っていると思いますが、どんな相手と繋がれば、愛に溢れるパートナーシップに一生恵まれると思いますか？

それは、「エネルギーが勝手に開く相手」です。

違う言い方をすれば、勝手に愛が出てくる相手、愛が溢れて止まらない相手です。

恋愛をすれば、どんな人でもそうでしょ！　と思うかもしれませんが、ご自身の恋愛を振り返ってみてください。

言いたいのに言えないことが多かった、思い切って素直に思いを伝えたのに受け入れられなかった、相手に合わせないとうまくいかなかった……そんな恋愛をしたことはありませんか？

もしそうなら、どこかでエネルギーが閉じていたのです。勝手にエネルギーが開く

相手ではなかったのです。

自分らしく、素直でいられると、自分の中心からたくさんの愛が溢れます。「あなたが好き」「あなたといるととても楽しい」「大好きなあなたのために何ができるだろう？」。こういった思いを素直に行動できる相手がベストパートナーなのです。

「これをやらないと相手の機嫌が悪くなるからやる」というのは、その時点で幸せなパートナーシップとは言えません。

たとえば、本当は料理をしたくないけれど、しないと怒られる、嫌われるから我慢してやっている、ということなら、自分のエネルギーはどんどん閉じて、最後はまったくエネルギーが出なくなってしまいます。何かがおかしいからです。

エネルギーが勝手に出る相手とは、価値観や意見が違うところや、相手の短所だなと感じるところも、愛で包める（微笑ましいくらいに思える）相手です。

そんな相手に繋がるには、自分をどんどん認めていくことが大切。料理が嫌いでやりたくないけれど我慢してやるのではなくて、「料理は苦手なんだよね」と伝えられる相手、ということです。

ダメ出しをして自分や相手を変えるのは、本当の愛ではありません。

そのうち心の負担が大きくなって爆発して破壊が起きるか、延々と我慢の上に成り立つ関係かのどちらかになります。


大いなる宇宙の愛とは、「減らない・尽きない・終わらない・枯れない」といった性質です。

この宇宙の愛のエネルギーと同じものを感じられる相手が、ベストなんです。

宇宙の大元の愛のエネルギーと自分がシンクロしていくと、相手との関係も一生満ち足りて、愛溢れるものになっていくでしょう。

簡単に言うと、「恐れ」で一緒にいる相手は、ベストパートナーではありません。

そして、新しい時代に入ってからは、この「恐れ」から何かをすると、うまくいかないことばかりになります。

いずれ気づきますが、相手の顔色をうかがう、嫌われないように自分を偽る、という癖がある方は、次のコトダマ（ＭＡＣＯＴＯＢＡ）を覚えていてくださいね。

私も実際に使っていますが、これを使い始めてからは、今のパートナーともっと仲がよくなり、満ち足りた幸せのエネルギーだけになりました。その言葉とは……。

「私が私らしくいられないなら、この人はベストパートナーじゃない」

これはコトダマというより、自分に言い聞かせる言葉みたいですが（笑）。
私は自分に素直になる言葉を日々言い聞かせて、自分らしく生き、相手に素直に思いを伝えて甘えたり、会話を楽しんだり、相手のためにしたいことをして過ごしてきました。

自分を肯定すると、自分が変わらないままでも「そういうところが丸ごと好き」という相手に巡り合うか、今の相手との関係性がそのように変わっていきます。
愛あるベストパートナーの引き寄せも、自分の意識の在り方次第。それ以上に大切なものはないのです。

WORK

ベストパートナーに出会える縁結びのワーク

「気」と「実」の結実を「願いが叶った状態」と言います。気とはエネルギーで、実とは物理的なもの。実を結ぶには、先にエネルギーレベルで、「結び」をしておくことが必要です。どんな時も意識が先なのです。

ベストパートナーに出会いたいという時は、先にエネルギーレベルで縁結びをしておきましょう。

寝る前の1、2分を使って行うと、願いを叶える周波数と同調した心地よい眠りにつけるので一石二鳥です。

★おやすみ挨拶の縁結び

「すでにベストパートナーとエネルギーで縁結びをした！」と意識しておきます。

夜、寝る前に、これから出逢うであろうベストパートナーに向かって「おやすみ

♡」と笑顔でつぶやいてから（脳内でもＯＫ）、ベッドや布団に入ります。これを毎日続けてみてください。

大好きな人が自分の隣にいたら、毎日寝る前に挨拶をすると思いますが、それと同じバイブレーションを感じながら、つぶやいてくださいね。

★赤い糸の縁結び

寝る前にベッドや布団の中で、赤い１本の糸を思い描き、その赤い糸を蝶々結びに結んだイメージをします。その際、結び目のところをギュッと固く締めるイメージをしっかり焼きつけてください。ギュー！　と声に出しても効果大です。

しっかり固く結んだ赤い糸のイメージを持って、気持ちよく寝てください。

違いを楽しめば、世界は豊かになる

恋愛や結婚、パートナーシップに関していただくお悩みや質問の多くは、価値観の違いについてです。

相手との考え方の違い、価値観のズレが別れの原因になるという通念があるようですが、それこそ新しい時代にはまったくそぐわない概念のひとつです。

なぜかと言うと、宇宙が私たちを地上に降ろしてくれた理由のひとつが「違いを楽しむこと」だからです。

全員が同じ顔をして、同じ考え方をして、同じ仕事を目指して、同じ大学で同じことを学びたがり、同じ趣味があって、同じ服を好んで……なんて考えると、本当につまらないですよね。

ここまで極端ではないにしても、「面白い！」と思うのは、自分との違いに感動したり、「そんな視点があるのね！」「知らなかった！」と違いを発見した時ではないでしょうか？

恋愛や結婚、パートナーシップにおいてももちろん同じです。けれど、これまではなぜか「違いって素晴らしい」「違いこそ愛そのものだ」という視点に立つのは難しいことでした。違いがあることで、別れや揉めごとが起き、我慢の原因になる、と思われてきました。

しかし、これからは「違いこそがワクワクをたくさん連れてくる」ということを体感していく時代になります。

大好きな彼や彼女と価値観の違いや、考え方の違いを発見したら、ワクワクしてみてください。

私も過去の恋愛では、自分と意見が合わなかったり価値観が違ったりすると、相手に合わせて無理して自分を抑え込み、うまくいかせようとしてきました。

そして、我慢が限界に達すると喧嘩になり、「やっぱり価値観が違うとうまくいかないんだわ」という結論を勝手につくり上げていきました。

でも、今の自分のパートナーシップは、真逆です。

価値観や考え方が違う部分は案外たくさんあるのですが、それでも「へえ～、そこでそんなふうに思うんだ！　面白い～！」「そんな考え方に触れるのも幸せ」というように、違いに触れるたびに、ものすごく楽しさを感じるのです。

そして、違っていても相手と問題も起きず、それどころか違いを受け入れ合うことで、いろいろな意見を交わすなど、ますます仲は深まるばかりです。

違いはいけない、違いがあるとうまくいかない、という概念を手放すことは、恋愛や結婚だけでなく、ほかの人間関係においても大切なことです。

自分とまったく同じ人間なんて、この世界に一人もいないのです。ということは、全員が違うということ。

「違いからスタートする」という視点に立てば、いかに違うことが楽しく面白みが増すことか、そして知らなかった世界を教えてくれることなのかが理解できると思います。

私たちは未知を既知にした時に、ものすごくワクワクします。何かを体験したい、という感情は「知らなかったことを知りたい」という意味ですからね。

知らないを知ることは、世界をもっともっと豊かにすることに繋がります。

大好きな人との違い（価値観や考え方、行動パターン、食の趣味などすべて）は、全部豊かさであり楽しい世界の扉なのです。

すべてを許した時、本心からの選択ができる

嫌だった出来事や、嫌だと感じる人たち、うまくできなかった自分などをすべて許すことができた時、本心から次の選択ができるようになります。

しかし、この「許す」というのは、ちょっと難易度の高い取り組みかもしれません。自分に攻撃的だった人を許すことはなかなか難しいですし、過去にうまくできなかった自分を許すのも難しいという方は多いでしょう。

「失敗してはいけない」という思いが強いと、うまくできなかった過去そのものが許せないかもしれません。

しかし、許せない何かを握ったまま次の選択をすると、「嫌だからこうする」「ダメだからこっち」というように、「負」からの選択をしてしまいがち。

たとえば、自分を否定ばかりする嫌な人がいる場合、その人を許さない状態で、「今後、この人とどうつき合っていきたい？」と自分に問いかけても、本音はなかなか出てきません。

しかし、「もういいよ」とその人を心から許せたら、「今はなんとも思ってないけど、もうご縁はなくていいかな」となったり、または「気にならなくなったので、つき合ってはいけるかな」と正確に判断できるのです。

これは対人だけではなく、物ごとについてもそうです。

自分の過去を許して「あれはあれでよかったんだ」と思えた時に初めて「じゃあこれからどうしたい？」という問いかけに対して、素直な魂の思いからの答えが出てくるのです。

「許し」とは、自分の本質を選んで生きるためにとても大切なことなのです。

「できる」「そうなる」、その根拠はいっさい不要！

概念にとらわれずどんどん自己実現する人の特徴に、「いつでも根拠なしにそれを思い込んでいる」という思考があります。

たとえば、何かやりたいことが湧いた時、すぐに「やれるかもしれない」と思えるということ。

やれることに対しての根拠はありません。もちろん、「これがあれば、できるかな」とか「こうだったらできるかな」といった条件づけも、意識にはありません。

私はこの「根拠なし」を、いつも意識の中に採用してきました。

たとえば、次のようなことです。

・シングルマザーだけど起業できるんじゃないかな
・好きなことを仕事にしてやっていけるんじゃないかな

・50歳が近いけど、今からでもベストパートナーに出会えるんじゃないかな

何か願いが心に湧いた時、「それができるんじゃないか？」と思うのですが、そう思う根拠は何もないのです。「○○すればできる」とか、「○○だったらできる」という条件もいっさいありません。

「これやりたい！」という喜びからくる思いは、それができるからこそ、思いとして湧いてくるわけです。

ですから、やりたいことに対して、いつでも根拠は必要ありません。

ただやりたいかどうか。それだけ。

この「やりたい」という思いも宇宙から授かったと思うと、私の思いと言うよりは、「いただいた大切な思い」とも思えます。

ですから、願いが湧いてきたら、どんどん叶えればいいのです。

誰でもできるお金の引き寄せ

「主婦はお給料がないのでお金の引き寄せは難しいですか？」という質問をよくいただきます。この答えはＮＯです。

主婦はたしかにどれだけ働いても、時間外労働があっても、お給料も残業手当も出ません。しかし、お金の巡りを引きさせることと、給料制かどうかは関係がありません。

大事なことなので繰り返しますが、大いなる宇宙の意図は、世界全体の一人ひとりが自分の願う形で幸せになることです。

そして、その宇宙の大元のエネルギーは「愛」でできています。この愛というエネルギーだけは何にも負けないものです。

怒りや悲しみも、本当に愛が通じると溶けてしまいます。不安や心配というネガティブな感情も、愛のパワーに必ず統合されていきます（だから感情を受容しましょうということなのです）。

要するに、愛を持って行動したことは全部、豊かな巡りを生みます。

愛を出すから愛が返る、ということです。

たとえば主婦が、愛情を持って夫や子どもたちの食事をつくったり、そのほかの家事をしたり、またとくに何もしていなくても、夫に「日々、会社で頑張ってくれてるんだな」という意識を向けるだけで、愛情のエネルギーは巡り出します。

ほしかった物をもらったり、臨時収入があったり、必要なはずのお金が必要なくなったり（これは多いです）、予想外の返金があるなど、お金が形を変えてたくさん巡ってくるようになります。

また、愛情のエネルギーは、夫の給料をアップさせたり、夫を昇進させたりといったお手伝いをしていることもあります。

いちばん飛距離があり、パワーが強いのが愛のエネルギーなのです。

WORK

金のパジャマワーク

色にも周波数があり、その色が発しているエネルギーがあります。お金の場合は、ゴールド。ゴールドのエネルギーを丸ごと身にまとうことで、お金のブロックが外れて、お金が巡り出すようになります。

① ベッドや布団に入ったら深呼吸を2〜3回して、お金が引き寄せられそうなキラキラしたゴールドをイメージしてください。

② 全身の力を抜いて、「今日もお疲れさま」という気持ちを体に向けます。

③ ゆったりしてきたら、パジャマが全身ゴールドになっているとイメージしてください。「私はゴールドのパジャマに包まれて寝ます。ゴールドの周波数に包まれて寝ている間に、潜在意識がお金のブロックを外してくれます」と意識してそのまま寝ます。

不安や恐れを解消する「引き受けメソッド」

やりたいこと、好きなことを仕事にして生きられることは幸せです。いろいろな働き方が認められるようになってきましたが、本当の自分の願いを現実にしたいと思っても、なかなか行動に移せない人がほとんどでしょう。

なぜ、行動に移せないかと言うと、恐れや不安、心配などがあるからでしょう。ですから「それがうまくいかなかったら？」という恐れや不安とどう向き合うかが課題となります。

きちんと計画を立てるなどして「それでいける！」としっかり決めておくことは大事ですが、それでも不安がなくならない時は、「引き受けメソッド」をおすすめします。

「引き受けメソッド」とは、先に「うまくいかない状態」を引き受けてからスタートする、というものです。

私はかつて公務員だったので、退職してからしか起業することができませんでした。ですから、始めてみてもどうなるかわからない、という恐れがとても大きかったのです。そこで、起業する前に「好きなことで成功する」という設定以外に、「破産、倒産、食べていけない」などの恐れや不安をすべて意識上で引き受けてから、今の仕事をスタートさせました。

これまで一度も破産や倒産、そして仕事がないなどの出来事がいっさい起きていないのは、そういうエネルギーを手放してからスタートしたからです。

まず意識の上で「倒産と破産は終わりました」と超越しておくのです。

行動する前に意識上で引き受けると、それはもう起きないのです。

第一歩を踏み出せない理由は、やはり恐れや不安があるから。だとしたらその怖さを先に受け入れてしまえばいいのです。

現実が傾く「6：4の法則」

意識と行動で自分の現実世界は必ず変化していきますから、実践していく中で、すでに変化を実感している方もいるでしょう。

そんな時、「前よりはできるようになったけど、まだ全然できてない」と考える方がいます。完壁にできなければ、まだまだダメだと捉えるわけですね。

これを私は「百ゼロ論」と言って、拙著『ネガティブがあっても引き寄せは叶う！』（大和書房）でも少し触れたテーマです。

「100」か「0」かではなく、どんなことも、シーソーと同じと捉えておいてください。

願ったほうのエネルギーがやや多いだけで、多いほうにちゃんと物ごとは動いていくのです。

私はこれを「現実が傾く6：4の法則」と名づけましたが、どんなことにも適用される法則です。

たとえば、ネガティブ感情とポジティブ感情の関係もそうです。ネガティブ感情は悪者ではありませんが、多過ぎると願った世界を創造するための障害となります。

しかし、「ネガティブをゼロにしよう！」などと思う必要はなく、全体を10としたらネガティブは4割程度あっても大丈夫。徹底的にゼロにしようなんて思う必要はありません。「こうなるぞ！　できるぞ！　やるぞ！」というポジティブが6割程度あれば、シーソーはポジティブに自然に傾くのです。

完璧を目指すと、それが目的にすり替わってしまいます。

自己否定も、100パーセント手放そうと思うと「手放しゲーム」ばかりに時間を費やしたり、不要な課題を自分に与えることになりかねません。「自己肯定が2割くらいしかない」という方も、6割くらいまで上げられたら、あとは心配しなくていいのです。

6割というのはあくまで私の体感ですが、日々自分の心を丁寧に感じながら、願うほうへエネルギーを傾けていきましょう。6割でいいと思うと気が楽になりませんか？

愛を出すことと受け取ることはワンセット

本当の自分で生きるようになると、素直な愛のエネルギーがたくさん出るようになります。とても素晴らしいことですから、どんどん出していってください。

愛のエネルギーについて詳しく説明しましょう。

①味わい感じ尽くす

何かの出来事に対して深く味わい、感じ尽くした時、愛や感謝のエネルギーが出ますが、この時、自分自身も愛や感謝そのものの波動になっています。

「味わい感じ尽くす」ことは、素直なエネルギーが溢れてくるとても素晴らしい行動なのです。

たとえば、まだ片思いだけど大好きな人がいるとします。仕事中などのふとした瞬間、その人の存在を思い出した時、「私は彼（彼女）が好きだなあ」「好きな人がいるって幸せ」とその感情を味わってください。これだけでとても素敵なエネルギーを出しています。

感謝を感じている時も同じです。「ありがたいなあ」と一人でただ感じているだけでも、その波動が外に溢れていきます。

あなたが道を歩きながら「ありがたいなー」と味わったり、「あの人のこと好きだなー幸せ」と感じているだけで、いい波動を宇宙にプレゼントしていることになるのです。

注意点をひとつあげるとすれば、「あなたが好きだから、私の思い通りになって」と執着を投げていないかどうか。コントロールすることはエゴになるので、エネルギーの性質が変わります。

ただ愛を感じ尽くすということを大切にしてみてくださいね。

②他者に実際にエネルギーを渡す

「お金を払う」「プレゼントをする」「誰かのサポートをする」「気持ちを行動で表す」

（愛からの励ましの言葉がけなども含まれます）など、実質的に誰かを思って行動をしている時も、愛のエネルギーを出しています。これらは行動をともなうので体感もあり、わかりやすいですね。無理にするのではなく、本心から行動してください。

そしてもっと大切なことは、愛のエネルギーを出すことと、愛のエネルギーを受け取ることは、セットで認識する、ということです。

ここを外さないでください。

たとえば、エネルギーを渡しているのに自分には全然巡っていないと感じる方や、与えるばかりで自己犠牲が強くなっている方は、愛のエネルギーを渡すことはできても、なぜか受け取ることが苦手だったりします。

私は多くのクライアントと関わっていますが、このケースは案外多いと感じています。愛を出しているのに自分はうまくいかない、という理由がここにある人も多いかもしれません。

だから、「どんどん出して、どんどん受け取る」とワンセットで捉えておかないといけないのです。利他ばかりでは自己犠牲の意識が強まってしまいます。

「こんなに受け取っていいの？」と思うくらいで大丈夫。受け取るのが苦手という方は、少し図々しいくらいでヨシ！　なのです。

愛のエネルギーを人に渡すばかりで、自分のこととなると受け取れない人は、創造のバランスが崩れてしまいますよ。

Chapter

4

波動を高める「カラダ力」

体は心より正直

これからの時代に必要不可欠なことは、体の波動を上げることです。心のことにたくさん向き合ってきたのに、なかなか変われないと感じているなら、それは「体」への注目が足りなかったからです。

私は、体の持つ波動を「カラダ力」と呼んでいますが、今後の自己実現のキモは「体」の進化、つまりカラダ力を上げることにかかっています。

そもそも、人間の構造って不思議で面白いと思いませんか？　形がある「体」と、形がなくて目に見えない「心」の二者でできているのが人間です。

心と体には、決定的な違いがひとつあります。

心は嘘をつけるけれど、体は嘘をつけない、ということ。体は正直なのです。

たとえば、つらいことを我慢している時、心で「私は大丈夫！」と思いながらも、ポロッと涙が出てきた、というような体験をした人もいるでしょう。

この時、本心の波動は体のほうに現れています。

また、値段がとても高いものを買う時、「ワクワクしたから買う！」と決めたものの、支払いの時に体がブルッと震えた、なんてこともあるかもしれません。

心で嘘をついても、体が正直に反応したり、心の波動が上がっても、体がその波動についてきていないなど「心と体の周波数のズレ感」があると、引き寄せにも「待った」がかかることが多くなります。

心と体の反応がズレた時は、体のほうにフォーカスして対話をしていきましょう。

願ったことがどんどん叶う自己実現のキモは、体のほうに意識を向けること。ここを忘れずにいてください。

CHALLENGE

体の反応に注目して過ごそう。

自分の体を絶対的に信頼する

「自分の体があまり好きじゃない」と言う人もいますが、意識や思考を変えていく時、周波数を変換してくれる〝実動部隊〟は体です。体の波動が変わらないと、現実も変わっていきません。

体を否定すると、体の波動を上げることは絶対にできないのです。

体を否定しなくなると、体を通してあらゆる楽しい体験の可能性がなだれ込んでくるようになります。

心に向き合うことに慣れていても、体に向き合うことにはあまり慣れていない人もいます。そういう人は、体は心より適当に扱っていたりします。

悲しいことがあった時、「ごめんね。つらかったね」と心に向かって会話をすることはしても、体に向かって「無理をさせちゃったね」と会話することはないのではないでしょうか?

それどころか、ふだんから「自分の目は小さいから嫌い」「鼻が嫌い」「体型が嫌い」など平気で言い続けてはいないでしょうか? それをちょっと緩めてみてはどうでしょう。

「大好き!」まで行かなくてもいいのです。「今まで言い過ぎたかな、自分の体なのにごめんね」と思うくらいでいいのです。


そして、自分の体を信頼していきましょう。

私たちは意識や思考だけでは現実を変えることはできません。意識や思考で、「こうなる!」という指令は出せても、実際に動き、現実世界を変えているのは体のほうです。

「素敵だな!」と感じる人とデートの約束ができた時、待ち合わせ場所に出かけていくのは体です。「彼と会う!」と決めた時、連絡を取るのは体ですよね。

体はいちばん労力のかかる仕事をしてくれているわけです。

「私の素晴らしい体なんだから大丈夫！」と信頼してください。「いつもあなたを信頼しているよ」と体に向かって声をかけていくのです。

たったこれだけで、体の波動はグーンと底上げされカラダ力もアップ！　引き寄せ力も比例してガンガン上がっていきます。

地球は３次元ですから、体を使って体感していくことで、思ったことが叶うようになる世界です。体をイキイキ使うことは、これから何よりも大切になっていきます。

CHALLENGE

自分の体に文句を言っていないか？
思い当たることがあれば、今すぐやめよう。

体のエネルギー漏れを減らす

私たちはよく「心が傷ついた」「心が病んだ」と言ったりしますが、こういう時、じつは心と同じように体もダメージを受けています。

よく「心と体は連動している」と言われますが、心が傷ついたなら、たとえ体に傷はなくても、波動が傷ついているのです。

ですので、私たちはいつも、心と体の両方の波動を一致させておく必要があります。

心は形がないので物質的なダメージは受けませんが、体のほうは物質的なダメージとして受け取ります。心がつらい目に遭うと、胃が痛い、頭が痛い、体がだるい、疲れやすいなど、さまざまな身体症状が出たりしますよね。よくあるこれらの現象は、まさに心のダメージを体が受け取り、カラダ力がダウンしたという証拠です。

心は意識が変わるとすぐテンションが上がったりしますが、体は物質なのでいったんダメージを受けると、修復や復活には心以上に時間を要することもあります。

体が嫌がることをやめていくだけで、エネルギーの漏れを減らすことができ、その結果、願いが叶うスピードもアップするのです。

CHALLENGE

体に不調が出る時と心のダメージの関係について、観察しよう。

命が巡る体の使い方

カラダ力を上げるためには、体をどんどん活躍させることが不可欠です。

ここで言う「活躍させる」とは、楽しいこと、喜んでやれることにどんどん取り組むという意味です。

けれども「時間がないから」「お金がないから」「ああしなければいけないから」と思考（固定観念）が優先して、楽しむことや喜ぶことに体を使っていないのが現実ではないでしょうか？

体は思考を大事に保管しておく貯蔵庫ではありません。

体は「私はこうなりたいの！」と決意したことを、イキイキと実行する場所です。

どんどん動かす場所なのです。

別に難しいことではありません。「あ！　今日○○ちゃんとご飯に行こう」「今から美味しいコーヒーを淹れよう」「来週末は、彼（彼女）に会おう！」など、楽しみや喜びのあることを日々実行するための場所。そして、好きな仕事や素敵なパートナー、縁のある人間関係を引き寄せ、より楽しく生きていくことを叶える場所です。

私たちは、本当にやりたいことや楽しいことに没頭している時、時間も忘れて集中します。そういう時は、疲れを感じるどころか、「楽しい！　もっとやっていたい！」というエネルギーが溢れた状態になっていますよね。

イキイキとした決意をこうやってどんどん実行することで、体はさらに進化し、発展します。

もちろん、疲れた時はゆっくり休むことも大事ですが、これも必要な時に望ましい形で体を使っているということなのです。

体をイキイキ使うということは、言い換えると私たちの「命」を巡らすということでもあります。

楽しいことをしている時や、心と体の両方が喜んでいる時、私たちは「あー、生きてる感じがする！」と思うことがありますが、これこそが命が発動している証拠。命が巡って、生命力に溢れている状態なのです。
こういう時にこそ、引き寄せ力もバーンと高まるのです。
楽しむこと、喜ぶことにどんどん体を使って、生命力溢れる生き方をしましょう。

CHALLENGE

あなたが楽しいこと、喜ぶことは何?

体は体験したがっている

もう少しカラダ力についてお話ししましょう。

私たちは生まれて物心がついた時から、常に「あれやりたい、これやりたい、こうしたい、こうなりたい」という意欲や願望を持ちながら生きています。

別に人生をかけた壮大な願いだけではありません。「今日はランチに美味しいカレーが食べたいな」「新しいワンピースがほしいわ」「温泉に行きたいな」というすぐに手が届く願望から、「あの大学に行って医者になりたい」とか「結婚するならこんなパートナーがいいわ！」という未来を創造する願望まで、大小いろいろな願いが消えることなく湧き、叶えてはまた湧いて……を繰り返しながら一生を過ごしています。

私たちは体がある限り、体が終わる時までずっと何かを願いながら生きていきます。

体は生まれながらにして「知りたい」「体験したい」という意識が形になったものです。

「もっといろいろな体験をして、いい人生にしていきたい！」という思いは、人間の本能とも言えるでしょう。

ですので、欲を持たないようにする、願いを持たないようにするのは、本能に反する「抵抗」になります。

何か願いごとが湧いても「こんなこと願っちゃダメ！」とか「本当にそうなっていいのかしら」と思ったりすることが抵抗です。

「また新しい欲が出てきた。わーい！」「また新しい体験がしたくなった。わーい！」「次はこんなことを叶えたくなった。素晴らしい！」と、すべての願望を否定せず、肯定していくことが大事です。

そうやっていくと、体の細胞が喜んで動こうとしてくれます。感覚が研ぎ澄まされるようになり、物ごとへの感度が上がり、小さな幸せや感謝が感じられる体質に変わってきます。

ですから、願いが湧いたり、「知りたい！」という欲が出たら、それを祝ってあげ

ればいいのです。

否定しないということは「受け入れる」ということ。受け入れた分だけ楽しい体験は増えていき、ひとつ体験すると、さらにレベルを上げた世界を楽しめるようになります。

体はそもそも動くのが好きです。ワクワク、イキイキと動くためにも自分は生きている！　と実感できるくらい体の感覚を上げて、それを叶えることを許していきましょう。

体は愛情を持ってイキイキと使ってなんぼです。どんどん動かすことで、願ったことが叶う引き寄せ力もさらに進化するのです。

CHALLENGE

体に感謝しながら、どんどん動こう。

「感じる力」を低下させない情報とのつき合い方

ここまで、体の波動を上げることが大切だということをお話ししました。では、カラダ力を高めるために気をつけることはなんでしょう。

まずは、インターネットやメディアなど情報とのつき合い方を考えましょう。

とても便利な反面、感じる力を阻害するのがインターネットやテレビなどのメディアでもあるからです。

テレビから情報の垂れ流しをしていませんか？　同じ話で、しかもほとんどネガティブな話を繰り返すメディアをボーッと見ていると洗脳されてしまいます。

決して、ネットやメディアが悪いと言っているのではありません。これらのおかげでどこにいてもほしい情報は簡単に手に入りますし、スマートフォンやタブレット、パソコンなどでメッセージのやり取りもオンライン上でできます。

これらは現代に生きる私たちへの大きな恩恵のひとつです。

そのありがたい恩恵と、どうつき合うかが、カラダ力を高めることと関係してきます。

便利なものは、主体的に使いこなすことがとても大事。「主体的」というのは、便利なツールに対して「使われる側」ではなくて、「使う側」にいるという意味です。

スマホやネットに意識が入り込み過ぎると、感じる力や思考する力、イキイキと願いを意図するパワーがダウンします。そして感じる力は低下します。

相手の反応ばかり気になったり、しまいには依存が増して、相手の事情を考えずに自分の都合を投げるだけのツールになりかねません。

また、下を向いてスマホばかり見ていると、宇宙からのメッセージやサインが入りにくくなります。

イキイキした意識と体でいる時に、宇宙波動とぴったり合うようになるからです。

私たちの願いが実るのはこの3次元においてであり、決してスマホやパソコンの中ではありません。

人からの返信が気になりスマホから目が離せないとか、1日の大半をSNSばかり見て過ごしたりしていませんか？

便利なものとは主体的に関わり、入り込み過ぎないこと。カラダ力を上げたいならこれは鉄則です。

メッセージをやり取りするツールなどは、あくまで事務連絡と捉えてみてください。決して依存しないことです。本当に親しい人を除けば、1日のうちにメッセージを頻繁にやり取りする人はそういないはず。

私たちにより重要で必要なことは、体でもってきちんと相手と関わり、しっかり感じ、やり取りすることです。そうすることで、五感がイキイキと働くのです。

CHALLENGE

自分なりのメディアとのつき合い方を決めよう。

情報は鵜呑みにせず、
自分の感覚をたしかめる

カラダ力を上げるためにメディアやインターネットとの関わり方について、もう少し踏み込んで話しましょう。

ネット上にはたくさんの情報が溢れています。ほしい情報だけでなく、必要ない情報も勝手に入ってきますが、基本的にほしい情報がある時だけ、ネットで探すようにしましょう。用もなくネットを徘徊して睡眠時間を削ったり、移動中もずっとスマホを見ているなど多くの時間を割いていると、どんどんカラダ力は鈍感になっていきます。

ネットは中毒性があるので、自分に必要のない情報まで垂れ流しで取り入れていると、「感じる力」や、「こうなりたい！」と意図する力が自分の内側から出てこなくなります。

便利なものは主体的に活用し、あとは翻弄《ほんろう》されずに使うのです。

たとえば、「あの人って、○○なんだって」という噂話を聞いた時、「へぇ～そうなんだ」と疑いなく即受け取る人もいれば、「この人はそう言ってるけど、実際自分でたしかめないと、なんとも言えないよね」と思う人もいるでしょう。

ネットの情報に対しては、後者のように関わっていきましょう。これが情報リテラシーです。

書いてあることを鵜《う》呑《の》みにするのではなく、「これをどう受け取るか？」「自分はどう思うのか？」と自分に問いかけてから、判断するのです。

それをせずに情報を受け入れてばかりいると、本心が出てこなくなり、何が自分の価値観なのかがわからなくなります。

情報の主体的な使い手になり　感じるカラダ力を上げていきましょう。

CHALLENGE

情報を得たら「自分はどう思うか？」と問いかける習慣をつけよう。

体に聞かせてはいけない言葉とは？

人は1日に、5～10万回くらいの思考をすると言われています。思考は、声に出す・出さないにかかわらず、「言葉」で認識しますよね。つまり、日々たくさんの言葉をシャワーのように自分に聞かせているわけです。

心や体が喜ぶ言葉ならどれだけ浴びてもいいのですが、自分を否定する言葉はできるだけ体に聞かせないようにしていきましょう。

脳内でつぶやいていようが、言葉を口から発していようが、言葉を発する前に私たちは「そのエネルギー」を先に内側でつくっています。

たとえば「私ってダメなやつだ」とか「自分のここが嫌い」というような言葉を使うのが日常だったとしたら、いつもそのエネルギーをつくり続けて維持していることになります。すると、体がそのエネルギーの波動になってしまうのです。

自分の体がいちばん嫌がるのは、自分を否定する言葉です。

「私なんてダメだ」「あの人と比べて私は……」などの「ダメ出し」する言葉や、「私なんてどうせうまくいかない」という可能性を否定する言葉などは、体に極力聞かせないでほしいのです。

　年齢に対するマインドブロックを持っている人は、「もう私は○歳だから（ダメよね）」という言葉をよく口にしますが、この言葉も危険です。これは真っ先に取り払ってほしい口癖です。「年齢を超えていく」と決めると、相当な生命力が湧いてくるのですから。

　時にはつい自虐的な言葉を言うこともあるでしょう。そんな時は「あ！　出ちゃった。でも訂正」と言えばＯＫ。修正すればいいのです。

　体は日々休まず動いてくれています。たとえ寝ている時でも心臓を動かし、命を巡らせてくれていますよね。そんな体にいつも敬意を示してください。

「いつもありがとうね」と寝る前に布団の中で言ってみる。

頭痛がしたり、腕が疲れていたりするならば、その部分に触れながら「いつも頑張ってくれてありがとう」と声をかけてみる。

感謝の言葉は体がいちばん喜ぶエネルギーです。

言葉ひとつで体の波動を変えることができるのですから、ふだんどんな言葉を自分の体に聞かせているかは、とても大事なカラダ力アップのポイントなのです。

CHALLENGE

体が嫌がる言葉は今すぐやめよう。

否定やジャッジを緩めるだけで、いいエネルギーと繋がれる

自己否定する言葉を言わない、というのはとても大事なポイントですので、もう少しお話しします。

自分自身がニュートラルな状態であれば、間口（スキマ）が大きく開いているのでいろいろな可能性が入ってくるのですが、自己否定をすると間口が狭くなってしまい、場合によってはほとんど閉ざされてしまいます。すると、可能性を狭めてしまうのです。

たとえば、現状を「これはダメ！」と否定したり、自分と価値観が違う人を「あの人はダメ！」と頭ごなしに否定してしまったり。さらには、雨の日は嫌い、真夏の暑さも真冬の寒さもダメ、中途半端に物ごとを終わらせたらダメ……。

否定やジャッジする心が自分の中に多いほど、単純に「恩恵（万物からの恵み）と出会う可能性」が減ってしまいます。

否定やジャッジすることで、自分が否定したそれらのよいエネルギーとの繋がりを断ってしまうのです。

たとえば子どもの頃「雨になったら体育の授業は体育館になるから、外を走らなくてすむ。雨よ、降れ！」なんて思ったことありませんか（笑）？　願っている時の雨は、「神！」くらいの扱いだったことでしょう。

それなのに、大人になって「雨って嫌なもの」という概念を採用して、「雨の日は憂鬱になる」という反応をしている人は多いのではないでしょうか。

「雨の日が大好き」と言わないまでも、「雨の日のお出かけも悪くない」という程度まで否定を緩められたら大丈夫です。

私たちがすることはただ、否定をやめる、ジャッジを減らすだけでいいのです。

CHALLENGE

何かを否定している自分に気づくことから始めよう。

すべての食べ物を祝福する

カラダ力を高めるには健康でいることが大切ですが、そこで大事になってくるのが体に直接取り込むものです。ひとつは食べ物ですよね。

成分や素材をたしかめてから購入する人も増えてきたと思いますが、日本は残念ながら、世界でも有数の「食品添加物・遺伝子組み換え食品大国」です。

忙しく働く人が多い日本社会で、現在の食料品は日持ちもして、とても便利になりました。その反面、添加物をいっさい体に入れないというのは不可能です。

体は食べたものでつくられます。それは「これ美味しい！」と感じながらいただくからこそよいエネルギーの補給になるということ。好きなものをありがたく味わっていただくのは、とても素晴らしいことです。そういう意味でも、添加物が入っているというだけで否定し、全部を避けようとするのは楽しくないですよね。すべての食べ物はありがたい命ですから、私はふだんからすべての食べ物を祝うという意識でいます。

すべての食べ物をありがたいと祝うという意味は、たとえば遺伝子組み換え食品なども否定したりジャッジしないということです。遺伝子組み換え食品だって自分の意志でそうなったわけではないからです。

すべての食べ物に罪はなく、そこにあるのはただ人間へ命を提供してくれる愛のみです。

さらに日々実践していることは、体との対話です。

その日食べたいものを感じてみることもそうですし、今取らないほうがいい食べ物や、本当は合わないのに食べている食べ物も、体の感覚として感じていくようにしています。すると、だんだん体の声がわかるようになります。

体は正直ですから、体に負担があるものを取り続けると、やがて不調が現れます。でもそれはすぐに現れるわけではありません。

たとえば、内臓は摂取したものを消化・解毒するために働いてくれていますが、負担がかかるものを1、2回摂取したくらいでは悲鳴は上げません。何年もかけてちょっとずつ、ちょっとずつ取り続けた末、「もうこれ以上、頑張れません」という時、悲鳴となってサインを出すことが多いのです。つまり、ある程度蓄積されてから、ようやく声を上げるのです。

消化や解毒に時間がかかるものを毎日取り込むのと、内臓に負担のない食べ物を取るのとでは、体の波動は違ってきますから、自己実現力に影響します。

ふだん、自分が体に何を取り入れているか、もう少し意識的に理解しておいてもいいでしょう。

CHALLENGE

今食べたいもの、食べないほうがいいと思うものを、体に聞きながらチョイスしてみよう。

体に取り込むものは、体と対話して選ぶ

オンラインサロンのメンバーで、経皮毒のある合成界面活性剤の入った洗剤の使用をやめただけで、20年来のアトピーが完治したという報告をしてくださった方がいます。

経皮毒は、私もオーガニックコスメアドバイザーの勉強をしていた時にかなり学びましたが、食べるよりも皮膚からの浸透のほうが、影響が大きい場合もあるのです。意識が変われば体も元気にはなりますが、意識だけ変えても、取り込むものが体に負担を強いるのであれば、ズレは必ず出てきます。なぜなら、ここは3次元だからです。意識と行動はセットであり、行動によって願いが叶うものだからです。

アトピーが完治した方は、「改善するためにはいったい何がいいんだろう？」と感覚にフォーカスし、体と丁寧に向き合いながら、「これかな？」と感じたことを行動

していったそうです。

私は50歳を過ぎましたが、40代の頃より今のほうが健康です。特別なことはしていません。**でも、体に必要ないと感じたものは入れない、という引き算の引き寄せを実践しています。**

これは結果的に、予想外のメリットがたくさんありました。たとえば、合成成分が多くて有効成分がわずかなのに高額な美容サプリを私はいっさい使用しません。成分は表示されていますから見ればわかります。

40代に入った頃、抜け毛や切れ毛、枝毛が多く、さらには小さな円形脱毛となったことで、それまでの手入れが怖くなり、ヘアカラーを１００％オーガニックのヘナに変えました。そうしたところ、30代の時よりもキレイで丈夫な髪になり、スタイリング剤も不要なほどの艶《つや》が出るようになりました。

これは私の場合はそうだったということですが、きつい薬剤で染めるのは合わないよ、というサインが「抜け毛、切れ毛、枝毛、小さな円形脱毛」だったのだと思います。

今摂取したものの影響は、溜まってから現われてきます。それが5年、10年とかかるのです。私が50歳を過ぎて肌も髪も40代より健康なのは、5～10年前に体に聞いてやってきたことが、今現われていることです。

食品や美容サプリ、コスメなどを買う時は、必ず成分を確認して買うかどうかを判断しますが、食品の場合は多少気になるものが入っていても、食べたいと思えば買うことだってあります。すべてはバランスなので「食べたい！」と感じたものは、美味しくお腹いっぱいいただき、翌日以降の食事などで体をいたわるようにしています。歳をとるほど元気で若々しい自分でいるためにも、体の声や不調をスルーしないことはとても大事です。

CHALLENGE

体に取り込むものは、成分をチェックする習慣をつけよう。

体をご神体として見る

私はいつも、体は宇宙からお借りしているものです、とお伝えしていますが、それは死ぬ時、あちらの世界に持っていけないからです。生きている間は大切に使わせてもらう、という意識でいるのは大事なことだと思っています。

体に意識を向けることで、想像以上の引き寄せ力が発揮されていきますが、どのように意識するかというと、自分の体を「ご神体」として見ることです。

これは以前、『ネガティブでも開運する神社参拝』（日本文芸社）という対談本をつくらせていただいた時にも話しましたし、ほかの方も同じことをおっしゃっていますが、自分の体をご神体として見ることは、自分を信頼することに繋がります。それは本来、体が持っているパワーにも繋がる意識の使い方になります。

読んで字のごとく、身体（しんたい＝神体）とは神が宿っている場所です。神は万物の創造主で、制限というものをいっさい持っていませんよね。否定もジャッジもないでしょう。願ったことをなんでも叶えるパワーを持っていて、さらに愛の存在でもあります。

自分の体をふだんからご神体として見て、そのように扱っていくと、体のエネルギーが変わります。

どんな対象も「どのように見るか」という意識の使い方で、引き寄せの起こり方が変わるのです。引き寄せは波動の法則だからです。

神として見れば、神の波動と同調します。たとえ神を知らなくても、神ってこういう存在だ、という意識のエネルギーが出来事を起こしますから、自分の体をご神体として見ることは、想像以上に大切なのです。

CHALLENGE

自分の体をご神体として扱おう。

体を使って、波動を固定する

願いごとが叶った時をイメージしてその感情を感じると、脳は今まさにそれが起こっていると勘違いをするので願いごとが叶いやすい、という話を聞いたことがあるかもしれません。私もこれまで拙著やブログで何度となくお伝えしてきていますが、そのワクワクする波動を固定するのが体の役割です。

たとえば「素敵なパートナーがほしい！」という願いを叶えたい場合、「そんな彼（彼女）ができたら、私はこんな幸せな感情を感じるだろうな」という感覚を、まずイメージします。

素敵な人の隣に自分がいる——これを脳内にイメージして、それが叶ったとしたら、私はどんな感情を感じるだろう、と想像してみると、何らかの感覚が湧いてくるはずです。

その感情を固定し、持ち続けられたら（いつでも出せたら）最高ですよね。「幸せな波動を出しているから、幸せなことが起こる」というのが引き寄せの法則ですから、その波動でずっと生きていけるならば、幸せが続くわけです。

けれど、その幸せな感覚は長続きしないのが現実でしょう。なぜ持続できないかと言えば、脳しか使っていないので、感覚より思考が優先してしまうからです。体感を入れてトレーニングしていくことが大事なのです。

どんなトレーニングかと言うと、**日常の小さな嬉しい体験、幸せだと感じる体験の積み重ねを、積極的にやり続けること。**

食べたいものを食べる。好きなパジャマで寝る。お風呂にアロマオイルを入れる。好きな友だちとカフェでおしゃべりする……。みんなどれも簡単にできる幸せ体験です。こうした小さな幸せ体験を積み重ねることで、体にその波動が固定されていくのです。

そして、これらをやる時に、「これができて本当に幸せだわ！」と、言葉にしてつぶやく癖をつけてみてください。

「今、体を使って体験してるんだ」ということを、つぶやくことで体感するのです。たとえば、ふわふわのパジャマを着て「モコモコだ、気持ちいいな」と脳と体に伝えるようにつぶやいてみましょう。

幸せ波動を体に刷り込むには、体感するのが手っ取り早いのです。これを続けるうちに、心地いい感覚をすぐ思い出せる体に変わります。この繰り返しで幸せ波動が体に固定されるのです。

CHALLENGE

小さな喜びや幸せを感じたら、その感覚をつぶやいてみよう。

宇宙のエネルギーは体を通して入ってくる

大いなる宇宙は、愛のエネルギーでできています。宇宙はこの世界の誰一人として取りこぼさず、誰もが望む形で幸せになってほしい、という意図を持っています。だからこそ私たちは遠慮なく「宇宙さんお願いね！」とサポートを頼んでいいし、むしろ頼んだほうがサポートが入ってきやすくなります。これは、レストランでオーダーしないカレーが出てこないのと同じ原理ですね。

そして、この宇宙の「叶えてあげたい！」という愛のエネルギーは、私たちの体を通して送られてきます。決して脳への伝達だけではありません。

そもそも「使わないものは与えない」というのが大いなる宇宙です。体があるということは、「それを使ってね」ということなのです。

使うために宇宙からいただいたのに、体を使わず頭ばかり使っていると、感覚がどんどん鈍化して、宇宙からのメッセージやサインに気づかなくなってしまいます。

日々いつも、「愛の宇宙エネルギーは全身で受け取る！」ということを忘れないでいてください。

宇宙は、感じる喜びを私たちにいちばん伝えたいのです。

なぜ、宇宙からの愛を体を通して受け取るようになっているのかと言うと、体を通過させると波動のインパクトが強くなるからです。

ただし、これは望んだことだけではなく、望まないことも同様です。嫌な感情ばかり選んでいると、その波動は体を通してそれを物質化してしまいます。

ですから、どんなエネルギーを体に通すかは、とても大事なことなのです。日々、いいエネルギーを体に送るよう心がけましょう。

CHALLENGE

幸せや喜びは、体全体で受け取るように意識しよう。

すべてから愛されている感覚を感じる

宇宙からの愛のエネルギーは体を通すと言いましたが、そのエネルギーを日常的に出していく能力は、朝起きてから寝るまでの日常生活で鍛えられます。

目が覚めたら歯を磨いたり、ご飯を食べたりするルーティンがあると思いますが、こういうことから体の反応を感じ取ったり、小さな幸せや感謝を味わうという練習はいくらでもできます。日常はまさにリアル実践の場なのです。

家から駅まで歩く少しの時間、朝の空気や風を意識してみるのもいいですね。最初はまったく何も感じなくても、頬に当たる風を感じると、だんだん「自分を取り囲むすべての存在から愛されている。ありがたいなー、幸せだなー」という愛のエネルギーになっていくでしょう。

私たちがこの世に生を受けることができたのは、宇宙がすべての存在を無条件に祝福しているからです。

そもそも宇宙から見た私たちは「生まれてくれてありがとう」という存在です。しかし、私たちは本来、幸せのために使う自由意志や想像力を歪めてしまい、ただ生きているだけでは価値がないとか、もっとすごい人にならないと誰も認めてくれないなどと思い込み、宇宙ですら自分を見放すと思ってしまっているのです。

今一度、日常の1分、1秒に意識を傾け、丁寧に目の前のことを感じてみてください。

森羅万象から私たちは愛されているので、たとえ大好きな彼（彼女）が「私を愛してくれていない」と思う時でも、頬に当たる風や空、道に生えている花や植物たち、自宅のリビングに置いているお気に入りのアイテム、今日着ている服などが、途切れることなくずっと愛のエネルギーを送ってくれていることに気づきます。

多くの物が愛のエネルギーで空間を包んでくれているのに、私たちは意図したことが叶わないと「私はダメなんだ」と判断したり、「誰からも愛されない」と思ってしまうのです。

まず、自分を取り囲むすべての存在から愛されているという感覚を思い出して育て

てみましょう。

そのように「感じる練習」をしていくと、何かの出来事や明確な理由なんてなくても、「愛されているんだ」とか「愛されていいんだ」と思えるようになっていきます。センサーの感度が上がるのですね。

「すべてから愛されていた」という感覚を感じ始めると、自己実現のスピードも速まります。自分で自分を愛することができるようになるため、自己否定がなくなっていくからです。

「誰かから愛されたい！」「愛し愛される相手を引き寄せたい！」と思う時ほど、生きとし生けるすべての存在（意思を持たない物なども）からの愛を、目一杯感じて過ごしてみてください。

CHALLENGE

日々の生活のあらゆる場面で愛されていることを感じてみよう。

ＡＩが人間を超えることができない理由

社会が合理的に機械化されていくと、ミスをする人間よりも正確で緻密なＡＩ（人工知能）のほうがいいように思われがちですが、人の体はＡＩに負けていません。なぜなら、体は魂を持っているからです。

どれだけ精巧で人間以上に仕事ができようとも、ＡＩには「魂」はありません。

大いなる宇宙は、人間の「意図」（決意）を汲み取り、それがオーダーとなって願いごとを叶えるプロセスをつくります。この意図的な願いをオーダーするのは、人間にしかできません。そして意図を持って体を使い動かすことができるのも人間だけです。

魂がある人間にＡＩが取って代わるということはありません。

私たちが魂を持ち、意識的に何かを意図して願いを叶えて幸せに生きることは、科学を超えた素晴らしい神秘です。

大いなる宇宙の意図は、世界中の人が幸せを感じて生きることです。

特定の誰かだけを幸せにしようというのではありません。

私たちの魂や体は、この大いなる宇宙の意図を体現するための「通路」です。エネルギーを常に動かしている体と魂の素晴らしさに気づいていくのは、とても大切なことです。

これからは必要な部分はＡＩに合理的に助けてもらい、その恩恵に感謝しながら、私たちはもっともっと命を使うようにしていけばいいのです。

CHALLENGE

体と魂を感じて、日々生きていることに感謝しよう。

人間を超越したレベルの創造領域へ

私たちの住んでいるこの世界は３次元と呼ばれています。１次元は点の世界、２次元は平面の世界、３次元は立体の世界です。

今、地球も含めて宇宙全体が次元上昇（アセンション）していると言われていますが、私たちは肉体を持ったまま次元を上げていくわけです。これは今までの歴史では経験したことがないことです。今までなら体を脱いで意識の状態にならないと体験できなかったことも、これからは体験できるかもしれません。

これからは悩みや不安、恐れという概念をどんどん手放していく人が増えると書きましたが、それは思ったことと違うことが起きても、これまでみたいにいちいち長く落ち込めないからです。

「ああでもない、こうでもない」と思考に時間を使っていたのが、「もうそれは選ばない」「創造しない」と決めると、簡単にそうなっていくので悩む理由がなくなっていくのです。

肉体を持ったまま、すごいスピード感でさまざまな体験を増やしていくのです。想像しただけで楽しいですよね。

体があることで私たちはとても豊かな感情をたくさん感じられたり、味わえたりします。その感覚を持ったまま楽しいことを制限なく体験していけるということ。肉体を持ったまま、一気に5次元に行くというイメージです。

5次元は意識の世界と言われていますが、3次元にいながら5次元レベルのことをやっていくということですから、ワクワクし続けていきましょう。

CHALLENGE

楽しいこと、ワクワクすることに意識をフォーカスしよう。

Chapter

5

自分超越
の世界を生きる

自分超越の世界とは？

破壊、創造、そしてそのあとにくるのが、意識や体の制限の超越です。制限とは、古い概念やネガティブに捉えてしまう、これまでの自分（エゴ）のことです。

それらを取り払った「自分超越」をした世界は、ひと言で言うと「楽で軽やか」です。緩んで生きられるようになります。

「え！　それだけですか？」と思うかもしれませんが、私たちはまだ、毎日いろいろな制限で自分を縛っています。それが解き放たれた先には、「楽しさ」「終わりない安心感」「未来への信頼」「すべて大丈夫という確信」などが揺るぎないものになっていきます。

何かを恐れながら生きることがなくなり、他者に合わせて生きたりすることもなくなります。

破壊は再生のサインだとわかっているので、破壊に気づいた段階で次の創造を楽しんで待つようになります。ですので、気持ちが下がることも、悪いことだとジャッジすることもなくなります。

すべてがありのままに、楽にそこに在る――ということを体感しながら過ごせるようになるのです。

そして誰もが自分の世界を思い通りに創っているのだ、ということもわかるので、他人の選択も受け入れられるようになります。自分の選択が人と違っても無理に合わせたり、気持ちを偽って嘘を言ったりすることもなくなります。

人と違うことが当たり前であり、それがスタンダードになるのです。

他者と自分を比べて落ち込んだりすることに意味がないとすでに知っていますから、それに使っていた時間は省かれ、いつも創造的に新しい体験をしていきます。今までの何倍ものスピード感で、サッサと創造を楽しむようになるでしょう。

制限を外していって、損することなど何ひとつありません。むしろ、制限がゼロになると創造は無限大となっていきますから、**自分を超越した世界には、今までの悩み**

はひとつも存在しなくなっていきます。

これまで制限があるからこそ楽しめたこともたくさんありました。ですから、制限ある人生を選び続けても問題はありません。どちらでもいいのです。

これからは、「自分はどっちを選ぶか?」という問いに答えた通りの現実になるのです。

CHALLENGE

自分で自分に制限していることは何?

制限を超越するちょっとしたコツ

制限を超越するコツは、ちょっと勇気を持つことです。行動ひとつとっても「難しそうでできない」「踏み出せない」と言っていると、月日はあっという間に過ぎていってしまいます。そういう時は、

「今何を我慢した？」
「本当は何が嫌だった？」
「どうしたかった？」

とちゃんと自分に聞いてあげてください。自分がしている少しの我慢も見過ごさないことです。

自分には力がないと思っていると、どんなにすごいご縁と繋がってもうまくはいきません。自分の気持ちを押さえて長いものに巻かれていたり、〝その他大勢〟でいる

ことに安心していたり……。そんなところからはサッサと抜けたほうが、楽に生きられると思いますよ。

ほしいものはほしい。
やりたいことはやる。
苦手なら無理して合わせない。
手放したいものは手放す。

これをしっかり自分と宇宙に宣言してください。しっかり決めて宣言したら、宇宙はそうなるような出来事を用意してくれます。それは誰にももれなく訪れますから、覚悟ができる時に宣言してくださいね。

CHALLENGE

自分の本当の気持ちを宇宙に宣言しよう。

自分を取り巻くすべてのものと調和し共生する

この世界で何が起きていても、いつも変わらず私たちを優しく癒してくれたり、時に命を提供してくれるのが動物や植物たちです。

人間は複雑な思考や感情を持つ生き物ですが、動物や植物には人間と同質のエゴ（自我）はありません。いつもただ愛だけで存在してくれています。

そういう動植物の命を時にいただきながら私たちは生きていますが、宇宙全体が変化している今、ひと足先に次元を上げているのが動物や植物たちです。人はいちばん最後に進化します。

そもそも、動植物のエネルギーは限りなく5次元に近いものです。宇宙から生まれた時のままの愛のエネルギーで存在しています。私たちが動植物に接すると癒されるのは、彼らから愛のエネルギーを感じ取っているからです。

愛のエネルギーで存在しているということは、宇宙と共振共鳴し、繋がっているということ。バランスを欠くほどの破壊や命の操作、搾取は宇宙のエネルギーとは同調しないので、動植物への感謝を持ちながら、共生していくことが大事になります。

愛のエネルギーを放っているのは動植物だけではありません。身の回りの物すべてです。ですから、「ちょっと疲れてるな」「しんどいな～」と感じる時は、自分が好ましいと感じる空間や土地の気（＝エネルギー）に身を置いてみたり、また家にあるお気に入りの物にたくさん触れたり、使ったりして過ごすと癒されます。自分の部屋や寝室をパワースポットだと思って整えるのもいいですね。

自分のそばにある物すべてから愛を受け取っている感覚をイメージしてみましょう。

人ができないことは、人以外のあらゆる存在からサポートしてもらえばいいのです。それは、宇宙と繋がることだけではなく、この3次元で自分を取り巻くすべての愛と繋がる、ということなのです。

動物も植物も、仕事で使う机や椅子もペンも……すべて命です。私たちはふだんからその命の恩恵をいただいて自分の命を回しています。人を大切にするように、動物にも植物にもあらゆる物にも、命への敬意を忘れずにいることはとても大事だと思います。

CHALLENGE

自分の周囲にあるものすべてから感じたことを素直に受け取ってみよう。

時間はぶつ切り

時間はぶつ切りだと、私はよく人に伝えています。それは言い方を変えると、時間は不連続ということです。時間が瞬間瞬間にある、と言ってもいいかもしれません。要するに、繋がっているという捉え方をやめてみるのです。

過去、現在、未来と時間が線で横に繋がっているという、この時間軸の中にいる限り、私たちの意識や思考に起きてくる「しんどさ」や「できない、やれない」という否定、「私ってこんな人間だ」というネガティブなセルフイメージはなかなか手放せません。

ところが、毎瞬毎瞬、起きては終わっていると捉えてみると、「ぶつ切り」という感覚を少しずつ理解し始めるので、「あの時ああいうことがあったから、また同じことが起きるかも」というような過去を引っ張り出してくる思考パターンを手放すことができるようになります。

本来、時間は「点」として存在していますが、私たちが「繋がっている」と認識しているため、脳内で点が線となり、「時間軸」が生まれます。

けれども、瞬間瞬間で時間は切れている、完結してはまた新しく起きる、と捉えてみてください。

私たちは、エネルギーレベルでリニューアルしています。しかし、肉眼で見る物理世界のスピードでは、「昨日の体が今日もそのまま維持されている」としか捉えられません。そのため、「毎日、新しい私になっているよ」と言われても、どうもピンとこないわけです。

常に肉眼が捉えているものがすべての基準になっているからです。ですので、まず「ここを外すぞ」という意識を持つことがポイントになります。

時間は、完結して起きて、また完結して起きて……を幾度となく繰り返しているので、「次の瞬間に何を選択するか？」と意識的に変えていけば、現実も必ず変わってくるのです。

過去の記憶にとらわれる必要もなく、また過去が未来に影響することもまったく考えなくていいのです。

もし自分が時間は繋がっていると思い込めば、それももちろん形になるのでどっちでもいいのですが、起きてほしくない出来事なら、「今」を「未来」に持ち越さないよう、ぶつ切りにしてしまえばいいのです。

私は、ネガティブなことを感じた時や、ネガティブな出来事が実際に起きた時ほど、時間はぶつ切りだと意識するようにしています。

「今起こったことはこの瞬間で完結していて、時間は新しく再生されている」と思い直すと、次に何を創造するかを楽に選ぶことができます。意識が変われば世界が変わるのは確実なのです。

CHALLENGE

時間は繋がっているという概念を外そう。

日々、新しい自分で生きる

時間はぶつ切りだとお伝えしましたが、それでも「昔、こんなことがあって」「以前のつらい体験が影響して」と、古い記憶が自己実現の邪魔をすることがありますね。過去の事実はたしかにあったとしても、それを自分のエネルギーに影響させるか、させないかは、自分の選択で決められます。

もう選ばないと決めたのであれば、意識のエネルギー上で切ってしまいましょう。過去に引きずられやすい方は「毎日生まれ変わる」と、毎朝毎晩、イメージしてください。

夜寝る前に「今日もしっかり私を終わります」とつぶやいて、「今日の私はオールオッケー！」と受け入れて終わらせます。難しく考えたりする必要はありません。ただそう意識して、淡々と脳内宣言をするだけです。そして気持ちよく眠りについてください。

朝起きた時は布団の中でもいいので「今日も生まれました。最新の私でスタートします」と宣言します。

こういう意識の切り替えだけで、自分のエネルギーは変わります。

私たちは、体も心も昨日とはまったく違ったスペックで進化して存在できるのです。

毎日私たちが使っているスマホやパソコンは精密で便利な機器ですが、人という生命体は、もっと複雑で神秘的な力を秘めています。そして日々アップデートできるのです。

毎日死んで、毎日新しく生まれ変わった自分を感じて過ごしましょう。

CHALLENGE

毎晩「今日もしっかり私を終わります」、
毎朝「今日も生まれました。最新の私でスタートします」と宣言しよう。

違う次元はすぐ隣にある

長期の心理講座に来てくれた生徒さんの一人が、ある時、こんなメールをくれました。

「ＭＡＣＯさん、年末年始に不思議なことがありました。袋の中にパイが２つ入っていて、年末に２つとも食べたのですが、年始にその袋を開けたら、食べたはずのパイが２つ入っていました。１つ食べるか２つ食べるか迷ったあげく、２つとも食べたのでなくなったはずなのですが……。宇宙さんに、時間はぶつ切りだということ見せてもらったのかなぁ。昨日のＭＡＣＯさんの電子レンジの話を聞きながら、そんなことを思いました」

私の電子レンジの話とは、家で一度にいろんな用事を片づけていた時のことです。

洗濯が終わったので、お昼には冷凍しておいたドリアを解凍して食べようと思い、電子レンジで5分間、温めました。「5分」という表示を確認して回してから、洗濯物を干しに行きました。

洗濯物がたくさんあったのでそれなりに時間がかかり、さらにはトイレにも行きたくなりました。心の中で「チンしたドリアが冷めてしまったなぁ」と思っていました。私の感覚では15分くらいは経ったつもりでした。

ところが、電子レンジのところに行ってみると、残りぴったり3分ありました。ということは「あれからたった2分しか経っていない⁉」。「そんなわけない！」と思わず叫んでしまいました。洗濯機からたくさんの洗濯物を取り出し、全部干すだけでも10分はかかったはず。そこからトイレに行ったのですから、さらに2分くらいは経っているでしょう。

緻密に思い返してみましたが、それでも現実に「チン」は終わっておらず、2分しか経っていなかったのです。

そして、そこからはじーっとレンジに張りついて見ていましたが、ちゃんと3分経って「チン」と鳴り、温めが終わりました。

「時間は伸び縮みする？」と思ったのですが、じつはこういう体験は過去にもあり、3回目くらいです。

パラレルワールドという言葉がありますが、平行して同時に存在している世界を言います。たとえば、素敵な彼ができる世界もあれば、パートナーと全然出会えない世界も同時に存在しています。

どのパラレルに行くのかは、自分の意識が選択して決めるだけです。そして、決めたところへエネルギーが流れていくのです。

私や生徒さんの体験は、「パラレルってあるんだよ」という宇宙からのメッセージだったのではないかな、と思っています。

CHALLENGE

時間が長く感じたり、短く感じたりした経験を思い出そう。

感謝は人生を変える発動点

感謝をしていると感謝したくなるような現実が創造されます。私は2020年後半あたりから、この現象の起きるスピードがどんどん速くなっていると感じています。「昨日の感謝の波動で、今日はこうなったのか」と、因果関係がわかるくらいにスピードを増しています。

ですから、嫌なことも感謝のエネルギーに変えると決めると、スルッと終わらせることができます。

嫌なことをされた相手に感謝ができない場合は、自分に感謝してください。「今まで私はよく頑張ったね」と、いずれにしても感謝で終わるようにしましょう。

またふだん感じている小さな感謝にも、いちいち「ありがたいなー」とあえて脳内でつぶやいてから寝るようにします。

私はこれを大真面目に毎日やっては、感じ尽くしています。

どんな状況にある人でも、「1パーセントも感謝を感じないで生きてきました」という人はいないはずです。感じることのできた1パーセントの感謝が、人生を変える引き寄せの発動点になるのです。

・小さな出来事に感謝する
・小さな幸せに感動する

これが人生を変える鍵です。日々の生活や起きた出来事の中の幸せに感動して、意識を幸せ・感動・感謝・喜びに向かわせるということです。

私はこれをずっと実践しています。それまでも、パートナーに対して「いつも支えてくれてありがとう」「いつも私を受け入れ、包んでくれてありがとう」と感謝していましたが、パートナーや親友、家族にふと「ありがたいな」と思ったら、それを口に出したり、メールできるタイミングならメールでも伝え、さらに、自分でそれを感じて、味わってみるのです。

そうすると、パートナーや親友、家族以外のことで、「わー！　ありがたいなー」と思えることが必ずやってきます。最近はこのスピードが増してきました。

最愛のパートナーとの関係性も、これまで以上にもっと心地よくなっているし、満ち足りた感覚にさらに包まれるようになりました。これがどこまで大きくなっていくんだろうと思うと「面白いな」と思うばかりです。

幸せと感謝の循環は、感謝し続けている限り止まらないのです。

CHALLENGE

小さな感謝、小さな幸せ、小さな喜び、小さな感動を大切にして過ごそう。

「本当の自分」で生きるほどうまくいく

　私たちが自分の心の声に素直になる時、大いなる宇宙の愛の波動と自分の波動がぴったりと同調します。シンクロするのです。

　本当の私で生きれば生きるほど、自分がやりたいことをするために、宇宙はたくさんのサポートをしてくれるし、まるで宇宙とコンタクトを取っているかのように、メッセージやサインにも気づけるようになります。

　たとえば、ふと目にした看板の言葉だったり、すれ違いざまに人が話している言葉だったり、虹をタイミングよく見ることだったり、何度も同じ数字を目にしたり、めくった本のページにあった言葉だったり……もういろいろです。

　こうやって私たちはふだんから宇宙とコンタクトを取っているのですが、本当の素のエネルギーの自分で生きるようになると、それがますます体感として手に取るようにわかってきます。

しかし、これまでは本当の自分で生きることは、多くの人にとって簡単ではなかったことでしょう。常識だとか、世間だとか、人の目だとか、他者の価値観だとか、親や兄弟など家族と考えが合わないということなども含め、自分のエネルギーをごまかしたり、隠してきたという長い歴史があったからです。

でも、これからはちょっとずつでいいので、**「本当の素の私で生きるぞ！」と折に触れて自分に宣言しながら過ごしていきましょう。**

時に気持ちがブレても「私は素の自分で生きるって決めたよね」と問いかけ直せば大丈夫。自分の内側に向かって、丁寧に優しく問いかけましょう。

そうしているうちに、「素のエネルギー」でいる時間が増えていきます。

やがて、それが自分自身の波動をつくるようになっていくのです。

CHALLENGE

「本当の自分で生きる」と自分に宣言しよう。

新時代の生き方の2極化とは、「選択基準が外なのか？　内なのか？」の違いだけです。

外＝世間や常識と言われてきたものや、大勢が同意・同調している意見に自分の考えを合わせていくのか、内＝自分のハートの奥にある感覚や、本心の声を最優先して行動していくのか……。

物ごとを選択して行動していく時の基準がどちらにあるかで、これからの生き方は真逆になるし、現実に創造されてくるものも変わるでしょう。

もちろん選択はどちらでもいいのです。「あなたはどちら？」ということだけ。自分が出した答えの通りに、素直に動いていきましょう。

自分の魂が体験したかった現実が、目の前に創造されていきます。自分に聞く時は真剣に、そして、丁寧に心の声に耳を傾けてくださいね。

何をするにしても、実際に行動を起こす時には勇気が必要なタイミングがありますが、ここは逃げずに「エイ！」と自分に声をかけて前に進んでみてください。今回の人生の中で「諦めない」と決めたことに対しては、自分への信頼と勇気でどんどん前に進もうとしてみてください。

私たちの感情は、一喜一憂するためだけのものではありません。

でも、ほとんどの場合、いいことがあるとブワーッとテンションが上がって、思った通りにならないとこの世の終わりのように感じたり、自分には力がないと思ったりしてしまいますよね。

この感情の動きはエゴが見せる様相です。

本来私たちが宇宙からいただいている本質のエネルギーというのは、何があってもなくても、ただ生きて呼吸をしているだけで満ちている、そういう性質のものです。

多くの人が長くいろいろな感情や思考のゲームにハマり、自分の本心をないがしろにするうちに何が本当の気持ちなのかさえ、わからなくなった時期があったでしょう。

でも、これからはそれらが懐かしくなる、そんな時代です。

ネガティブだった私が懐かしい。

自責が好きだった私が懐かしい。

世間に縛られていた私もいたんだなあ。

そんなことを感じられるようになる頃、あなたはもう自分の波動と本当に合うエネルギーの物、場所、人、空間、状況としか繋がれなくなっているでしょう。

必要ないものはどんどん自分の世界から削ぎ落とされていくので、その経過を少し遠いところから、観察者の立ち位置で見ていてください。

小さい頃は、「我慢ができないのはいけないこと！」と教えられてきましたよね。

でもこれからは、合わないところに合わせること自体ができなくなるので、意味のない無理やしなくてもいい我慢から抜けられるようになっていきます。

宇宙には、自分が放っているエネルギーに同調するものが集まってくる、という法則が存在しているだけです。

あなたが本当の自分のエネルギーで生き始めた時、その愛のバイブレーションに必要なご縁が集まってきます。

２０２１年７月吉日

ＭＡＣＯ

MACO profile

1970年生まれ。メンタルコーチ。

22年間の公務員生活を経て44歳で独立起業。思考と意識の現実化について探求・実践を続け、3つの大学・大学院を修了。NLPコーチングや各種セラピーなどさまざまなジャンルの知見を深める。ネガティブ思考の強い人でも願いを叶えられる法則を体得し、ブログを書き始めて半年で出版のオファーがあるほど話題に。デビュー作をはじめその後も次々とベストセラーとなり、海外でも翻訳出版されている。現在は講演家として活動しながら執筆活動を行っている。おもな著書に『ネガティブがあっても引き寄せは叶う!』(大和書房)、『「逆」引き寄せの法則』(PHP研究所)、『受け取り許可が低いと感じる人のための引き寄せコトダマ練習帖』(扶桑社)等多数ある。

装丁：白畠かおり
イラスト：つきこ（tsukiko0325）
DTP：ツカダデザイン
編集協力：RIKA（チア・アップ）
編集担当：真野はるみ（廣済堂出版）

ネガティブから抜け出し
喜びに満ちた世界へジャンプする
自分超越

2021年9月2日　第1版第1刷
2021年9月16日　第1版第2刷

著　者　MACO
発行者　伊藤岳人
発行所　株式会社 廣済堂出版
〒101-0052 東京都千代田区神田小川町2-3-13 M&Cビル7F
電話　03-6703-0964（編集）
03-6703-0962（販売）
Fax　03-6703-0963（販売）
振替　00180-0-164137
URL　https://www.kosaido-pub.co.jp

印刷・製本　株式会社廣済堂

ISBN978-4-331-52344-5　C0095